本丛书的出版得到国家语言文字工作委员会重大科研项目
"'国家语言能力'内涵及提升方略研究"（项目编号：ZDA135-7）经费资助

"十四五"时期国家重点出版物出版专项规划项目

 国家语言能力研究丛书　　总主编　文秋芳

意大利
国家语言能力研究

董　丹　著

外语教学与研究出版社
FOREIGN LANGUAGE TEACHING AND RESEARCH PRESS
北京 BEIJING

图书在版编目（CIP）数据

意大利国家语言能力研究 ／ 董丹著 . –– 北京 ：外语教学与研究出版社，2022.10
（2023.11 重印）
（国家语言能力研究丛书 ／ 文秋芳总主编）
ISBN 978-7-5213-3951-2

I. ①意… II. ①董… III. ①语言能力 – 研究 – 意大利 IV. ①H0

中国版本图书馆 CIP 数据核字 (2022) 第 167484 号

出 版 人　王　芳
项目负责　步　忱
责任编辑　秦启越
责任校对　步　忱
封面设计　锋尚设计
版式设计　涂　俐
出版发行　外语教学与研究出版社
社　　址　北京市西三环北路 19 号（100089）
网　　址　https://www.fltrp.com
印　　刷　北京九州迅驰传媒文化有限公司
开　　本　650×980　1/16
印　　张　11.75
版　　次　2022 年 10 月第 1 版　2023 年 11 月第 4 次印刷
书　　号　ISBN 978-7-5213-3951-2
定　　价　49.90 元

如有图书采购需求，图书内容或印刷装订等问题，侵权、盗版书籍等线索，请拨打以下电话或关注官方服务号：
客服电话：400 898 7008
官方服务号：微信搜索并关注公众号"外研社官方服务号"
外研社购书网址：https://fltrp.tmall.com

物料号：339510001

目　录

总　序

　　"国家语言能力研究丛书"是 2018 年国家语言文字工作委员会（简称"国家语委"）重大科研项目"'国家语言能力'内涵及提升方略研究"的系列研究成果之一。该项目是国家语委首批立项的重大科研项目，立项的背景是，我国已经成为世界第二大经济体，比任何时候都更接近世界舞台中央，但我国的国家语言能力与综合能力不相匹配。国家语言能力是"政府运用语言处理一切与国家利益相关事务的能力"。它是国家软实力的标志，也是硬实力的支撑。在和平与发展成为时代主题时，国家语言能力与国家军事实力发挥着同等重要的作用。国家军事实力展现的是使用"硬武器"的成效，国家语言能力展现的是使用"软武器"的成效。国家层面的外交、军事、经济、文化等各领域的活动都需要强大的国家语言能力作为保障。

　　2016 年"国家语言能力"首次写入教育部与国家语委制定的《国家语言文字事业"十三五"发展规划》。该规划中明确写道："到 2020 年，在全国范围内基本普及国家通用语言文字，全面提升语言文字信息化水平，全面提升语言文字事业服务国家需求的能力，实现国家语言能力与综合国力相适应。"从本质上说，国家语言能力的强盛取决于国家综合国力，但国家综合国力的强大不会自动地促成国家语言能力的提升。换句话说，强国可助强语，强语可助强国，但这并不意味着强国定能强语。在目前我国综合国力不断增强的形势下，迫切需要我国政府加强领导，社会组织和学者群体高度关注，以形成共识，从战略层面进行规划，并采取相应措施，使我国国家语言能力与综合国力相匹配，让国家语言能力助推综合国力，实现更好更快的发展。这就是本课题的重大战略意义。

本课题组自获批"'国家语言能力'内涵及提升方略研究"这一重大科研项目以来，深知责任重大、意义深远。本人在前期研究基础之上，提出了国家语言能力"三角理论"，即国家语言能力由三部分组成：（1）国家语言治理能力；（2）国家语言核心能力；（3）国家语言战略能力。这三个分项能力又各涵盖3—4个维度：国家语言治理能力包括治理机构体系构建、规划制定与实施、语言生活研究与交流；国家语言核心能力涉及国家通用语普及、国家通用语规范使用、国家语言智能化与国家语言和谐生活建设；国家语言战略能力则包括国家外语教育、国家通用语国际拓展、国家语言人才资源掌控和国家对外话语表述。可以看出，三个分项能力形成了一个稳定的三角形。国家语言治理能力位于顶端，指政府处理国内外两类语言事务的效力和效率，具有全局性和统领性特点，决定着核心和战略两类能力的发展方向和效果。国家语言核心能力具有基础性和先导性特点，是国家政治安全、领土完整、社会和谐、经济发展、文化繁荣、信息安全等的压舱石，是国家语言战略能力发展的前提，应置于国家语言能力建设的优先位置。国家语言战略能力着眼未来，具有前瞻性和长远性特点，是国家对外开放、维护国家主权、塑造国家形象、提升国家国际地位的支柱，对国家语言核心能力建设有促进作用。国家语言核心能力和国家语言战略能力又反作用于国家语言治理能力的建设和发展。

在此基础上，本人和张天伟教授、杨佳博士后、董希骁教授、詹霞副教授、戴冬梅教授、李迎迎教授、邵颖副教授、张佳琛博士、董丹博士、汪波副教授等人共同努力，以国家语言能力新理论框架为依据，融合中外视角，对中国、罗马尼亚、德国、法国、俄罗斯、马来西亚、荷兰、意大利、韩国等国家的语言能力开展了个案式的深入调查分析。《新中国国家语言能力研究》《罗马尼亚国家语言能力研究》是团队取得的首批研究成果。《新中国国家语言能力研究》全面展现了中华人民共和国成立以来中国政府在国家语言治理能力、国家语言核心能力和国家语言战略能力三个方面取得的辉煌成就，彰显了中国国家语言能力的优势，同时也审视其不足之处，并提出了相应的建设性意见。《罗马尼亚国家语言能力研究》梳理了罗马尼亚国家语言能力建设历史，并对其发展特点进行了总结和归纳，为探究中国和罗马尼亚两国在国家语言能力建设目标、路径和模式上存在的差异提供了独特的视角和丰富的材料。除了《新中国国家语言能力研究》《罗马尼亚国家语言能力研究》外，"国家语言能力研究丛书"第二批著作《德国国家语言能力研究》《法国国家语言能力研究》《俄罗斯国家语言能力研究》《马来西亚国家语言能力研究》《荷兰国家语言能力研究》《意大利国家语言能力研究》《韩国国家语言能力研究》也将陆续与读者见面。通过这套丛书的出版，我们希望能够为学界提供双向互动比较的内外视角，探究中国和其他国家语言能力发展体系的异同，由此借鉴外国经验，提出提升我国国家语言能力的策略，最终将我国建设成世界语言文字强国。丛书旨在抛砖引玉，期待各位专家学者不吝指教。

文秋芳

国家语言能力发展研究中心 / 中国外语与教育研究中心

2021 年 5 月 1 日，劳动节

前　言

　　"国家语言能力"（National Language Capacity）这一概念最早由美国学者 R. D. Brecht 和 A. R. Walton 提出，2011 年经文秋芳教授引进后在国内学术界获得了广泛的关注和热烈的讨论。在学术界的推动下，人们逐渐认识到国家语言能力建设在国家发展进程中的重要作用。作为国家语委重大科研项目"'国家语言能力'内涵及提升方略研究"的研究成果之一，本书以意大利国家语言能力为研究对象，以文秋芳教授提出的国家语言能力新理论框架为理论基础，对意大利国家语言能力进行了深度研究。

　　全书共五章，分三个部分。第一部分梳理了意大利国家语言能力的历史；第二部分从国家语言治理能力、国家语言核心能力、国家语言战略能力等三个维度重点分析并阐述了意大利国家语言能力建设的相关政策、具体措施及发展现状；第三部分在此研究基础上归纳、提炼意大利国家语言能力建设的特点，探讨其中的经验及教训，并尝试对中意两国的国家语言能力进行比较研究，以期为我国的国家语言能力建设提供借鉴和参考。

　　在本书的撰写过程中，北京外国语大学文秋芳教授、张天伟教授、董希骁教授和文铮教授全程给予了学术指导，对外经济贸易大学潘源文副教授对全文进行了严谨审校，北京外国语大学研究生谭钰薇、潘晨和外交部虞瀚博在基础数据收集和资料整理方面做出了诸多有益贡献，外语教学与研究出版社的各位编辑给予了专业帮助和充分信任，在此一并致谢。

　　本书有助于读者增进对意大利国家语言能力建设的了解，为学界开展相关研究提供了大量文献资料和数据，适合语言政策研究者、意大利语言国情研究者及高校意大利语专业师生参考使用。

董丹

2022 年 8 月 24 日

第一章
意大利国家语言能力历史梳理

意大利共和国（Repubblica Italiana），简称意大利（Italia），位于欧洲南部。国土面积约为 301,333 平方千米，主要领土包括亚平宁半岛（又称意大利半岛）、西西里岛、撒丁岛以及坐落于瑞士卢加诺湖湖畔的境外领土坎皮奥内（又称金皮庸）。意大利地理位置战略意义重大。半岛三面环海，东临亚德里亚海，与巴尔干半岛相望；南临第勒尼安海，墨西拿海峡将半岛与西西里岛分隔；西临伊奥尼亚海，遥望撒丁岛。意大利与克罗地亚、波斯尼亚和黑塞哥维那、阿尔巴尼亚、希腊、马耳他和突尼斯隔海相望；北部阿尔卑斯山地区由西向东，依次与法国、瑞士、奥地利以及斯洛文尼亚接壤。意大利领土完全包围了两个微型国家——圣马力诺共和国和梵蒂冈城国。意大利领土最北端是位于阿尔卑斯山区的普雷多伊小镇，最南端是位于地中海的兰佩杜萨岛，最西端是与法国接壤的巴尔多内基亚市，最东端是与阿尔巴尼亚隔海相望的奥特朗托市。

意大利共和国在行政上划分为 20 个大区，其中包括 5 个由于文化原因和少数民族的存在而设立的特别自治区。大区是意大利的一级行政区，类似于中国的省；大区以下又划分为 14 个超大城市，93 个省，7,904 个市（镇）。除了首都罗马之外，意大利重要的城市还包括米兰、都灵、热那亚、博洛尼亚、佛罗伦萨、那不勒斯、威尼斯等。

根据意大利国家统计局 2020 年公布的数据，该国人口为 5,930 万，是欧盟第三人口大国，仅次于德国和法国，居世界第 23 位。[1] 意大利 94% 的人口为拉丁族意大利人，主要的少数民族包括：撒丁人、弗留利人、拉第尼亚人、法兰西人、日耳曼人、斯拉夫人、希腊人、阿尔巴尼亚人等。意大利语起源于 13、14 世纪的佛罗伦萨方言，是全国通用语，约有 5,800 万居民使用。据 2015 年的统计数据显示，90.4% 的意大利居民以意大利语为母语。在世界范围内，意大利语的使用人数排名第 27 位。值得注意的是，意大利语并未在《意大利共和国宪法》（Costituzione italiana）中被确定为官方语言，本书将在相关章节中专门讨论这一问题。意大利语是欧盟的官方语言之一。西北部的瓦莱达奥斯塔、东北部的特伦蒂诺－上阿迪杰和弗留利－威尼斯朱利亚等少数民族聚居地分别讲法语、德语和斯洛文尼亚语。

1.1　意大利民族和意大利语的起源

1.1.1　拉丁语的起源

和欧洲其他民族一样，意大利人是新石器时代生活在半岛上各民族的后裔，包括历史上的伊特鲁里亚人、罗马人、拉丁人和说印欧语的意大利各族，例如翁布里亚人、萨宾人、高卢人等。

公元前 10 世纪左右，拉丁人迁徙到意大利半岛，在拉齐奥地区定居，主要从事牧业生产，并将罗马作为自己的生存基地。随后，伊特鲁里亚人在意大利半岛中部的西海岸定居，在半岛中部占领了广大地区，他们在半岛上建立的最早的国家，于公元前 6 世纪达到了巅峰。公元前 8 世纪，腓尼基人从北非来到意大利半岛，在西西里岛和撒丁岛上建立殖民地；与此同时，古希腊人也开始长期在意大利南部地区和西西里居住，形成了"大希腊"（Magna Grecia）。在与伊特鲁里亚人、古希腊和腓尼基殖民地居民的接触过程中，半岛上原有的相对落后的各民族开始改变生活方式，学会了种植农作物，掌握了冶铁技术，并开始使用文字。

1　意大利国家统计局官网，https://www.istat.it/（2020 年 12 月 31 日读取）。

意大利语的形成要追溯到拉丁语的演化。生活在拉丁姆地区（今拉齐奥大区）的罗马人于公元前 8 世纪左右（相传为公元前 753 年）建立了罗马城。他们讲的印欧语方言就是拉丁语的前身。拉丁语与伊特鲁里亚语和奥斯坎－翁布里亚语（拉丁语正式出现之前中南部方言的总称，碑文考古可追溯到公元前 5 世纪）有着紧密的联系。后二者对拉丁语的影响主要体现在词汇层面。如拉丁语中 populus（人民）、catena（链条）等词即源自伊特鲁里亚语；而许多动物的叫法则来自奥斯坎－翁布里亚语，如 bos（牛）、ursus（熊）等。同盟者战争结束（公元前 88 年）后，古意大利人战败，罗马共和国统治了波河以南的半岛地区，伊特鲁里亚语和奥斯坎－翁布里亚语彻底失去优势地位，拉丁语逐渐登上了历史舞台。此外，希腊人的影响也不容小觑。公元前 800 年前后，希腊人在本土建立了众多城邦，这些城邦逐渐向外扩展，在海外建立殖民地。从地形上看，海外殖民扩张的最佳去处就是意大利半岛南部和西西里岛。公元前 700 年到公元前 650 年，意大利南部的希腊殖民城邦已多达数十个。希腊人不仅带来了字母文字、航海技术和工商业技术，还引入了希腊的城邦公民政治制度。因此，在航海术语和政府文件中，希腊语的影子频频出现。古体拉丁语（latino arcaico）留下的史料记载不多，零散的文学作品可以追溯到公元前 3 世纪，如李维乌斯·安德罗尼库斯（Livius Andronicus）的诗作、格涅乌斯·奈维乌斯（Gnaeus Nevius）的喜剧等，最出名的当属普劳图斯（Plautus）的喜剧，这也是现存最早的拉丁语文学作品。

1.1.2　通俗拉丁语的诞生

公元前 509 年，罗马市民驱逐了"傲慢者塔克文"，结束了王政时代。此后，意大利相继进入共和时期（公元前 509 年—公元前 27 年）和帝国[1]时期（公元前 27 年—公元 1453 年）。罗马共和国诞生之初内外交困，经过一百多年的斗争，基本控制了意大利半岛的中部地区。后经三次布匿战

1　公元 395 年后分为西罗马帝国（395—476）和东罗马帝国（395—1453）。

争和对马其顿、希腊、西班牙及小亚细亚的攻占，罗马成为当时地中海唯一的统治者。在共和国对外扩张的同时，国内社会各阶层矛盾突出，出现了一系列平民反抗贵族的斗争、罗马与意大利半岛上同盟者之间的斗争以及大规模的奴隶暴动。公元前 27 年，屋大维（Ottaviano Augusto）开启了帝国时代。公元 395 年，罗马帝国分裂为东、西两个帝国。公元 476 年，西罗马帝国灭亡。公元 536—552 年期间，拜占庭帝国（东罗马帝国）皇帝查士丁尼夺回了半岛上的大片土地。公元 567—774 年，伦巴族人在意大利半岛北部与中部的非拜占庭地区建立了公国。公元 800 年，教皇利奥三世为法兰克王国查理曼加冕，后者成为罗马人的皇帝，象征着欧洲封建时代的开始。同时期的意大利半岛南部则由阿拉伯人占领并统治，巴勒莫等西西里城市逐渐成为地中海贸易交往的战略要地。阿拉伯人致力于对古希腊经典文献的翻译和积累，为文艺复兴的萌芽打下了坚实的基础。1030年，诺曼人在普利亚建立了王国，并以此为据点在 1061 年入侵西西里岛建立了王朝。诺曼人的霸权后被粉碎，与意大利北部一样，南部地区也由罗马教廷和神圣罗马帝国统治。

随着国家版图的扩大，拉丁语不仅在亚平宁半岛取得统治地位，淘汰了其他亲属语言，还作为官方语言被推广到罗马帝国的各个行省——西起伊比利亚半岛，东抵黑海之滨，北至布列塔尼半岛，南达非洲地中海沿岸。同时，拉丁语也在不断变化。

屋大维时期使用的书面语称为"古典拉丁语"（latino classico），此处的"古典"一词（拉丁语 classicus）原义是"第一流""最上乘"，在当时被认为是至高无上的文学用语形式（modello letterario insuperabile）。以classicus 命名，另有区分不同阶级（classi）之意；当然，作为"第一流"的古典拉丁语只能为"第一阶级"的权贵之流或杰出文人使用，他们当中出现了众多精通修辞和诗歌的作家，如西塞罗、卢克莱修、维吉尔、贺拉斯、奥维德等。

而彼时的拉丁语口语，无论在用词还是发音上都与古典拉丁语有很大区别。这种拉丁语即"通俗拉丁语"（latino volgare），它在罗马帝国庞大的版图上随着所在地区的发展产生了相应的变化，在不同地区呈现出了不同的语言形式。西罗马帝国灭亡后，罗马中央集权不复存在，拉丁语口语根据各地方言的特点加速变化，从而形成了多种拉丁语变体。这些语言都是罗马人的语言，都产生于拉丁语，因此被称为"罗曼语"（"罗曼语"一词来自拉丁语副词 romanice，意为"以罗马人的方式说话"）或"新拉丁语"（意为"新式的拉丁语"）。

据史料记载，通俗拉丁语最早在公元 10 世纪左右开始用于书写，但因没有规范的语法和书写模式参照，起初和书面拉丁语混用，寥寥出现在"维罗纳谜语""科莫第拉墙文字"以及"卡普阿诺公证书"中。一般认为，第一份由通俗拉丁语书写的文件是公元 960 年的"卡普阿诺公证书"。这是一份有关蒙特卡西诺的本笃会修道院（Monastero di Montecassino）和封建领主罗德尔夫·阿奎那（Rodolfo D'Aquino）之间的土地纠纷判决书。文件中居民的证言部分由通俗拉丁语写成，文件原文为：

Sao ko kelle terre, per kelle fini que ki contene trenta anni le possette parti Sancti Benedicti.

这句著名的证言由法官当庭记录下来，证人以坎帕尼亚方言证实有争议的土地属于本笃会修道院。

1.1.3 从托斯卡纳方言到意大利语

从 11 世纪开始，欧洲人口的大量增长刺激经济发展，意大利 [1] 的城市再次兴起，贸易逐渐恢复，教廷重获权力，并开始了对抗神圣罗马帝国的长期战争。12—13 世纪，意大利发展出了独特的僭主政治模式。许多独立的城市国家通过商业繁荣起来，银行业的雏形开始出现，海上共和国兴起。这些城市国家为发展贸易和自我防卫建立了强大的舰队，为十字军东征提供了有利条件，也借由东征积攒了可观的财富。威尼斯和热那亚不久成为欧洲与东方贸易的主要门户。中世纪晚期，佛罗伦萨发展成为一个高

---

1 在历史上的很长时间里，"意大利"只是一个地理概念，没有形成真正的统一国家。

度自治的商业和金融城邦，成为当时欧洲的贸易中心。从 14 世纪开始，以意大利中部的佛罗伦萨为发源地，兴起了一场以复兴古希腊罗马为名，实质上为了改变中世纪社会的严重腐败而重新学习和思考古典文化的文艺复兴运动。

公元 12 世纪，随着商品经济的发展，通俗拉丁语开始正式用于书面写作，使用群体主要是商人和公证人员。由于通俗拉丁语比古典拉丁语更易学习，在贸易繁荣的城市，一批新兴商人开始精于通俗拉丁语读写。商人在学院用通俗拉丁语学习算术、会计、绘图等技能，在商业活动中则时常需要整理账簿、签发收据、开支票、书写商业信函。在这些写作业务中，信件占据了很重要的位置。当时托斯卡纳商人和银行家实力雄厚，业务遍布欧洲，在信件往来中，托斯卡纳方言，特别是佛罗伦萨方言开始向各地传播。

西西里方言也曾辉煌一时。13 世纪初，西西里诗派活跃于腓特烈二世（Federico II di Svevia）的宫廷之中。其诗作内容脱胎于普罗旺斯吟游诗歌的爱情与骑士故事，但西西里诗派摒弃了普罗旺斯语，采用自己的民族语言进行文学创作。13 世纪后半叶，随着西西里王朝的衰落，意大利的文化中心由西西里转到以佛罗伦萨为中心的托斯卡纳地区。

同时期，意大利中部的宗教复兴运动极大地推动了宗教文学的发展。这些宗教文学作品很大一部分是用中部方言写成的，比如佩鲁贾方言、阿西西方言等。阿西西的圣方济各（San Francesco d'Assisi）[1] 创作的《太阳弟兄赞歌》（"Cantico di Frate Sole"）就能明显看出翁布里亚方言的影响。

意大利语的语言结构本质上源自 13—14 世纪的托斯卡纳方言。有些语言史学家甚至将 14 世纪的佛罗伦萨方言直接称为"古意大利语"，而非"佛罗伦萨俗语"。在所有意大利方言中，托斯卡纳语在词法和音韵上与古典拉丁语最为相似，因此它与意大利的拉丁文化传统最协调。

但丁（Dante Alighieri）、彼特拉克（Francesco Petrarca）和薄伽丘

1　阿西西的圣方济各（1182—1226），简称圣方济各，是方济各会（又称"小兄弟会"）的创办者（会祖），知名的苦行僧。

（Giovanni Boccaccio）是意大利文学的三座高峰，他们的文学作品开启了几代人关于意大利语标准语范式的思考。第一个正式确立通俗拉丁语地位的人，是被誉为"意大利语之父"的但丁，他以古典拉丁语完成了《论俗语》（*De vulgari eloquentia*）的创作。这部专著的受众是用古典拉丁语写作的文学家们。但丁在书中提出了一种理想的标准语，并称之为"光辉的俗语"。他逐一考察了意大利半岛十四个通俗拉丁语变体，认为没有哪一个俗语能够称为"光辉的俗语"，但每个又或多或少含有标准的因素。最终，但丁选择以佛罗伦萨方言为基础创作《神曲》（*Divina Commedia*），由此奠定了俗语的文学性。此后，彼特拉克的《歌集》（*Canzoniere*）和薄伽丘的《十日谈》（*Decameron*）进一步推动了佛罗伦萨方言登上历史的舞台，同时也引发了长达 6 个世纪的"语言问题"（Questione delle lingua）之争，以讨论意大利半岛标准语的范式问题。

公元 14—15 世纪，佛罗伦萨执政官莱奥纳多·布鲁尼（Leonardo Bruni）指出，"举止得体的人都应追随佛罗伦萨的语言方式，因为佛罗伦萨城拥有许多善于使用拉丁俗语的能人，其他人与他们相比简直是稚童"（Kohl & Witt 1978：174）。而后，莱昂·巴蒂斯塔·阿尔伯蒂（Leon Battista Alberti）与皮耶罗·德·美第奇（Piero de' Medici）展开"桂冠之争"的俗语诗赛，并撰写了《语法观》（*La Grammatichetta*），促进了俗语的发展。16 世纪，印刷术的发展将"语言问题"之争推至顶峰。威尼斯作为当时欧洲的印刷之都，利用得天独厚的印刷和传播优势，与俗语文学欣欣向荣的佛罗伦萨争夺俗语的标准语地位。

最早确立意大利语语法规则的人是皮耶特罗·本博（Pietro Bembo）。这位威尼斯贵族认为 14 世纪的佛罗伦萨方言是一种优秀的文学语言，主张向彼特拉克学习诗歌语言，向薄伽丘学习散文典范。他推崇一种不同于 16 世纪任何口头拉丁语的文学俗语（latino letterario），用以取代拉丁语，成为高层次文化的载体。同时，他反对口语和市井语言对文学俗语的污染，因此但丁的文学语言并不在标准之列，因为但丁的用词时而高雅时而粗鄙，例如《神曲·地狱篇》中就不乏"屁股""狗屎""妓女"之类粗俗语言。贝内代托·瓦尔基（Benedetto Varchi）将希腊古典文学作品翻译成佛罗伦萨俗语作品。他含蓄地批评了本博过于严苛的语言标准，认为 16 世纪佛罗伦萨俗语的变化是"活语言"自然的发展，不逊于但丁、彼特拉克、薄伽丘时代的古典语言。他在《语法篇》（*Gli scritti grammaticali*）中对语言的社会属性和文学属性进行了区分，提出应更重视口语，列举了数百条在希腊文学作品中没有对应说法的佛罗伦萨口语表达，认为俗语相对于希腊语而言更加丰富多样。

16 世纪末，秕糠学会（Accademia della Crusca）[1] 在佛罗伦萨成立，专门区分"面粉"和"糟糠"，即分清"好词"（规范）和"坏词"（不规范）。1612 年，秕糠学会出版了《秕糠学会词典》（*Vocabolario degli accademici della Crusca*）。该词典的推出，巩固了佛罗伦萨在意大利的文化霸主地位。

在文艺复兴的辉煌后，17 世纪的意大利语发展缓慢。世纪之初反宗教改革（Controriforma）的浪潮使得语言形式问题在社会生活中占据了重要地位。拉丁语在许多领域仍然占据主导地位，如绝大多数哲学、科学论文都用拉丁语撰写，高等教学完全使用拉丁语。与此相反，意大利语通常只在私人课程的讲义汇编中出现。在语言地位方面，1675 年，红衣主教乔万尼·巴蒂斯塔·德·卢卡（Giovanni Battista de Luca）撰写了《保护意大利语》（"Difesa della Lingua Italiana"）的论文，为意大利语正名，主张使用意大利语。曼贝利神父（Marco Marcantonio Mambelli）也于 1685 年撰写了《意大利语之观》（*Delle osservazioni della lingua italiana*），不同于此前学者对俗语的各种讨论，此书开创性地全面介绍了意大利语的语法体系。

在语言本体方面，在巴洛克文学勃兴的背景下，17 世纪诞生了大量

1　1582 年，秕糠学会在意大利佛罗伦萨成立，旨在纯洁文艺复兴时期的文学语言托斯卡纳语。由于该学会成员的努力，尤其是因为彼特拉克和薄伽丘使用过这种语言，用托斯卡纳方言创作的作品成为 16—17 世纪意大利文学的典范。该学会成员后来以语言上的保守而闻名。

新词，"伊奥尼亚－阿提卡语"（lingua ionadattica）[1] 的风潮一度对意大利语词汇造成了冲击。有鉴于此，秕糠学会以 14 世纪托斯卡纳语为基准，先后出版了三部大词典，以词典的形式对意大利语词汇进行规范。语法方面虽未形成统一规定，但不乏学者自发撰写、归纳的语法内容，为意大利语语言学的诞生打下了基础。除上文中已提到的《意大利语之观》外，还有贝内代托·博纳玛特伊（Benedetto Buonamattei）的语法现象分析专著《论托斯卡纳语》（*Della lingua Toscana*），红衣主教斯福尔扎·帕拉维奇诺（Sforza Pallavicino）的《意大利语书写语法提示》（*Avvertimenti grammaticali per chi scrive in lingua italiana*）等。虽然上述方面都没有形成具体的官方语言文书，但都是意大利语及其语言政策形成过程中不可忽视的内容；其中秕糠学会的贡献尤为突出，学会对语言规范的探讨，成为当时意大利语语言形式之争的重要评判标准。

18 世纪各流派学者聚焦于秕糠学会编撰的大词典，就语言标准问题产生了激烈的争论。大词典以 14 世纪托斯卡纳方言即薄伽丘使用的语言为基准的理念，成为一大批反对派学者攻击的焦点，他们主张使用 15 世纪以来的"新"语言，且认为语言标准应该顺应时代的发展同步更新。米兰神父保罗·奥诺弗里奥（Paolo Onofrio）就在其《论托斯卡纳语》（*Della Lingua Toscana*）一书中，阐述了语言落入窠臼的危害，并认为好的语言应该保持鲜活，与时俱进。与此同时，学者们对意大利语语法、词法汇编的热情依然高涨，其中弗朗切斯科·索阿韦（Francesco Soave）神父开创了将语法与逻辑推理相结合的新模式，撰写了《意大利语推理语法》（*Grammatica ragionata della lingua italiana*）。另外，"语言法则"（codice linguistico）的概念也在 18 世纪应运而生，语言学开始作为一门单独的学科出现。

1　发源于 16 世纪末佛罗伦萨的人工语言，常被 17—18 世纪意大利文人用于消遣，即用相同字母开头的另一词来代替单词的一种说话方式，常有戏谑含义。

1.2 意大利语的发展

1.2.1 复兴运动时期的语言政策

18 世纪后半叶，启蒙思想对欧洲大陆产生了巨大的影响。拿破仑军队所到之处，客观上促进了当地封建制度的解体。随着工业的蓬勃发展，资产阶级成为推动 19 世纪欧洲历史发展的主角。在法国统治下，法语成为原托斯卡纳大公国地区的官方语言，法律文件、官方文书均使用法语，意大利社会对此极为愤懑。当局在 1809 年 4 月做出让步，宣布在托斯卡纳地区的法庭或公证事务、私人写作中，意大利语可与法语并用，并对维护意大利语纯洁性的作家进行奖赏。

随着意大利复兴运动（Risorgimento）的开展，很多语言学家、文学家加入了讨论的行列，其中包括卡洛·卡塔尼奥（Carlo Cattaneo）、阿莱桑德罗·曼佐尼（Alessandro Manzoni）、尼科洛·托马塞奥（Niccolò Tommaseo）、弗朗切斯科·德·桑蒂斯（Francesco de Sanctis）等知名学者。曼佐尼提出，数世纪以来关于意大利语的讨论已落入寻章摘句的窠臼，新的语言标准不应以文学语言为参照，而应以资产阶级广泛使用的当代佛罗伦萨方言为基础。他推崇"活的语言"，而不只是"美的语言"。他反对过去长时间内意大利文学用语的夸张修饰，并认为在现实社会中，口语具有更高的实用价值，且适用于整个社会。在语言模本的选择上，他认为需要选择一种变化较少且相对稳定的语言，从而采用了佛罗伦萨语。格拉齐亚迪奥·伊萨亚·阿斯科利（Graziadio Isaia Ascoli）对所谓的"现佛罗伦萨方言"的标准持怀疑态度。1872 年，他在为语言科学杂志《意大利语言学档案》（*Archivio glottologico italiano*）所写的序言中，对曼佐尼的观点提出了批评，但其矛头并不直接指向曼佐尼，而是指向了当时盛行的形式至上的语言纯粹主义。阿斯科利认为，一味遵照佛罗伦萨现有方言，力求语言纯粹，将会导致语言使用的混乱。

在少数群体[1]语言方面，法国大革命以后，欧洲大陆逐渐意识到了语言对个体和集体的重大意义。他们认为，在个体层面，语言是个人身份、个人自由的一部分；在集体层面，语言则是文化认同的一部分，是民族凝聚力的源泉。在此阶段，意大利民族国家对少数群体语言关注较少，这在一定程度上对少数群体语言的权利起到了保护作用，甚至有利于地方自治主义的发展。然而随着历史的推进，对语言少数群体的保护最终让步于民族语言统一的需求。

1848年，作为撒丁王国宪法的《阿尔贝蒂诺宪章》（Statuto Albertino）首次申明了语言自主权，其中第62条规定："意大利语是议会的官方语言，但如果议员所属地方使用法语，或其提出要求，可选择使用法语。"当时，王国内部存在两大民族，分别使用意大利语和法语，前者主要分布于皮埃蒙特、利古里亚和撒丁岛，后者主要分布于尼斯省和萨伏依省，两个民族的聚居区被阿尔卑斯山分隔开。这一条款正是在这样的历史和社会背景下诞生的。与同时代欧洲其他国家有关少数民族语言的法律规定相比，1848年宪章第62条的意义相对有限。当时的德国和奥地利都明确规定了对少数民族语言的保护，而意大利这一条款则只涉及政治生活中的议会官方语言和工作语言问题。

由于国家刚刚建立，新政府亟须通过一种全国通用的语言来增强民众的国家认同感，于是开始制定国家语言政策。据图利奥·德·毛罗（Tullio De Mauro）估计，1861年只有2.5%的意大利人能够完全摆脱方言，讲意大利语。这一悲观的数据遭到了阿里戈·卡斯特莱纳（Arrigo Castellani）的反对，他推算当时能够讲意大利语的人有近两百万人，约占总人口的

1　本书所指的"少数群体"，并非从民族、族裔或者宗教角度认定的少数群体，而是特指从语言角度认定的少数群体，严格来讲，应称为"语言上的少数群体"。这一概念源自联合国大会第47/135号决议《在民族或族裔、宗教和语言上属于少数群体的人的权利宣言》（Declaration on the Rights of Persons Belonging to National or Ethnic, Religious and Linguistic Minorities）。另外，欧盟在有关少数民族语言的法律与文件中，也较少直接使用"少数民族语言"这一概念，而普遍使用"欧洲非通用语"（Lesser-Used European Languages）、"区域性语言"（Regional Languages）、"区域或少数群体语言"（Regional or Minority Languages）等概念。

10%。且不论哪一个数据更加准确，必须承认，意大利统一时全国存在大量的文盲。

撒丁王国于 1859 年 11 月颁布了以时任公共教育大臣加布里奥·卡萨蒂（Gabrio Casati）命名的第 3725 号法令——《卡萨蒂法》（Legge Casati）。该法令规定的教育体制随后通用于整个意大利王国，被普遍认为是意大利教育史的重要开端。法令的推行旨在改善当时的文盲现象，同时摆脱天主教会在教育方面的专权，而将权力转交给国家。

1.2.2　王国时期的语言政策

1.2.2.1　王国时期通用语的建立与推广

1861 年，意大利王国实现了政治统一，但由于历史因素和语言割裂，意大利人民缺乏民族认同感，政治的统一并未带来相应的语言统一。当时的意大利并不存在一种普遍使用的口语，大多数意大利人使用不同的方言，如果想用意大利语表达思想，只能仿照文人所使用的佛罗伦萨方言。

1867 年，时任意大利公共教育大臣埃米利奥·布罗利奥（Emilio Broglio）组建了专门解决"语言问题"的议会下属委员会，曼佐尼担任委员会主席，委员会的目标是促进优秀的语言文字和语言发音普及到民众中去。1868 年，委员会颁布了《语言统一与传播方式报告》（*Dell' unità della lingua e dei mezzi di diffonderla*），将佛罗伦萨方言定为全国通用语。随后委员会颁布了以佛罗伦萨方言为标准的《新意大利语词典》（*Novo vocabolario della lingua italiana secondo l'uso di Firenze*）。在语言的推广过程中，新政府忽视了语言推广的一些必然条件，政策的制定和当时社会的文明程度、经济发展状况之间存在较大差距。当时，语言推广最重要的场所和媒介分别为学校和大众媒体。《语言统一与传播方式报告》对教师的来源地和教授内容目标进行了明确规定。在大众媒体层面，报纸发挥了绝对的统领作用，1870 年后，大部分报社的报纸都使用了较为标准的意大利语。

统一后的 50 年内，由于政治日趋统一、中央集权加强、全国强制征兵、经济文化科技发展、国家内部移民等因素，意大利的文盲率在 1911

年几乎减半，公共教育领域成果显著。例如，1877 年 7 月 15 日颁布的《科皮诺法》（Legge Coppino）就特别规定了 6 周岁以上的孩子必须接受义务教育，对不遵守该规定的父母要进行处罚。

法西斯时期的语言政策可以用"自给自足"和"对外扩张"来概括。国家语言的传播、教学、使用都要求严格遵循标准意大利语，反对不规范方言以及外来语言，文学界和戏剧界都严禁使用方言，同时尝试在侵略地建立意大利语语言学校，输出民族语言。通过严格统一的语言干预来巩固民族凝聚力，是法西斯主义干预意识形态的重要体现。法西斯政权提出了"意大利化"（Italianizzazione）的方针，并在语言规划上将地名、外文专有名词等本土化，强制关闭双语学校，极端排斥外国术语。虽然该时期的语言政策是为了控制意识形态，培养公民集体的"国家"意识，但确实在一定程度上帮助意大利语稳固了国家标准语的地位。在习得规划方面，1923 年，秦梯利（Giovanni Gentile）领导的系列教育改革构成了该时期语言政策的重要基础。改革规定，各项科目只得用意大利语教学，以其他语言为母语的学生必须修满额外的意大利语课程，原则上授课老师必须是意大利语母语使用者。1928 年后，意大利北方自治地区的外语教学权力也被取消。[1] 法西斯政府还要求全国所有学校使用统一教科书。当时的最高权力文化教育机构为意大利学会（L'Accademia d'Italia），其主要职能是在各界组织、协调推广和传播意大利语的活动，保护民族传统。在语言推广方面，这一时期广播和电影的兴起对意大利语传播起到了重要的推动作用。

总体而言，王国时期的语言政策体现出政府对政策制定的重视。尚处萌芽阶段的意大利语言政策在困难中摸索前行，政府开始意识到推广通用语的重要性，并通过学校教育和以报纸为主的大众媒体推广通用语；但囿于当时较高的文盲率和较低的经济发展水平，语言政策的规划和制定较难全面有效。

---

[1]　1928—1929 年，威尼斯朱利亚大区的斯洛文尼亚语、克罗地亚语，博尔扎诺的德语。

1.2.2.2 王国时期的少数群体语言政策

在少数群体语言层面，意大利民族国家统一的过程中，国家的领土版图发生了变化，致使国内的人口组成发生变化，语言格局也由此改变。这一时期，意大利的通用语普及尚未全面展开，各地方言众多，全意大利仅有 63 万人使用意大利语，约占全国总人口的 2.5%。意大利仅仅实现了政治上的统一，而在社会、经济、文化层面上仍有待统一。彼时的学校里仍广泛使用法语，意大利语的推行困难重重。

1860 年 3 月《都灵条约》（Trattato di Torino）签订，撒丁王国将萨伏依割让给了法国，法文版法令汇编的出版地尚贝里也在被割让领土范围内，因此法文版法令汇编不再继续出版。民族国家建立后，《阿尔贝蒂诺宪章》第 62 条有关语言的规定已不再适应意大利统一过程中产生的新变化。意大利语在议会中也取得了绝对的强势地位：除有关母语保护的议题外，在其他议题的议会辩论中，议员均以意大利语发言，不再使用法语。第 62 条引发了争议，支持者指出该条款实际上已失效，反对者则拒绝承认存在这种默契。在议会之外，法语仍然作为皮埃蒙特的贵族及资产阶级的文化语言被广泛使用。撒丁王国的政治精英在语言普及问题上也难称表率。国王维托里奥·埃马努埃莱二世（Vittorio Emanuele II）在各种场合只说皮埃蒙特方言，首相卡米洛·本索·加富尔（Camillo Benso Cavour）出生在法国统治下的都灵，其母是瑞士人，因此他自幼以法语为母语，意大利语属于后天习得，成年后仍不能从容使用。

意大利语的使用范围逐渐扩大。王国官僚体系得到确立，为了保证学位在全国有效，自 1873 年起，奥斯塔地区自两年制高中阶段推行意大利语。1882 年，奥斯塔省教育委员会决定，两年制高中和师范学校不再使用法语，仅在某些高中保留法语。1884 年 11 月，奥斯塔省行政令规定，小学的课程中应设置相等的两部分，其中一部分用意大利语教学，另一部分用法语教学。上述政策使得意大利语在奥斯塔地区逐步发展起来。这一时期，该地区的语言使用情况保持着一种脆弱的平衡，学校逐渐成为语言政策、语言立法的主要场所。1910 年，涉及高等教育的第 795 号法令第

111 条规定 "意大利语是所有大学的教学和考试的官方语言"，没有规定法语作为例外情况。1911 年，涉及基础教育和普及教育的第 487 号法令保留了关于法语教学的规定，但仅限于使用法语地区的学校课程大纲之外的补充课程。

一战结束后，意大利的领土版图发生了变更，境内出现了更多操德语、拉迪恩语和斯拉夫语的少数群体（根据 1921 年的普查数据，当时意大利总人口约 3,800 万，其中上述三类语言少数群体人口合计 100 万）。随着国内民族主义情绪高涨，意大利少数群体语言政策开始转变。一战刚结束的一段时间内，根据国际和约相关条款的规定，从国王到外交部部长以及尚未掌权的墨索里尼，都对语言少数群体表示出一定程度的宽容。然而，1922 年墨索里尼上台后，法西斯政府逐步禁止少数群体语言在公共领域使用，并通过立法手段，在学校教育和地名、人名命名方面推行同化主义（尤其是在语言少数群体数量较多的上阿迪杰地区）。

1.2.2.3 王国时期的移民语言政策

自 19 世纪 60 年代意大利民族国家建立以来，意大利经历了数次移民潮。民族国家建立初期，社会经济不发达，就业机会欠缺，一部分意大利人选择移民到其他国家寻找机会。19 世纪 80 年代，意大利移民开始形成规模，随着美洲市场就业机会的增加，意大利移民总数快速上升。1914年第一次世界大战爆发，大量移民返回意大利，1926 年以后，墨索里尼政府限制永久性移民的输出。两次世界大战和紧缩的移民政策，致使意大利出现了移民低潮。

王国时期没有专门制定针对移民群体的语言政策，数量巨大的对外移民的语言文化教育问题并未引起政府的关注。移民政策重心仅在保障移民船只安全和监管移民中介的问题上。第一和第二届 "海外意大利人大会"（Congresso degli italiani all'Estero）先后于 1908 年、1911 年在意大利召开。会议得到了国王埃马努埃莱二世的资助，与意大利殖民事务机构（Istituto coloniale italiano）合作开展。然而，在两次大会上，意大利海外移民的代表数量很少，会议上关于在意大利海外殖民地增设学校以"对移民群体进行启蒙开化"的议题也并未取得实质性的成果。

1.2.2.4　王国时期意大利语的国际拓展

海外意大利学校的建立和发展在客观上促成了意大利语的国际拓展。现存的海外意大利学校大部分成立于民族国家建立初期。与移民的分布情况相适应，学校起初分布于地中海沿岸地区；19 世纪末至 20 世纪初，随着意大利对外移民潮的出现，拉丁美洲也陆续出现了海外意大利学校。早期的学校主要由民间团体（例如天主教团体、意大利海外移民互助协会等）经营管理，并不属于意大利国家政策的一部分。

自 1870 年开始，海外意大利学校的创办与组织正式由意大利教育部[1]转交外交部负责，学校可定期从政府获得资助。克里斯皮政府（Governo Crispi）执政期间，意大利出台了管理海外意大利学校的法律，政府开始系统地处理海外意大利学校事务，并首次对海外意大利教育机构进行改革。随后的几届政府继续推动海外意大利学校的相关立法工作，要求这些学校为海外的意大利移民提供教育机会，以增强他们的民族认同感，同时促进意大利语言文化的国际传播，以促进意大利与相关国家的贸易合作。

1929 年，法西斯政府重组外交部的领导机构，将原本的海外意侨司和海外意大利学校司合并为海外意侨及海外意大利学校司（Direzione degli italiani all'estero e scuole）；海外意大利学校的学生数量显著上升。1940 年，通过第 740 号法令，政府调整了海外意大利学校的安排，规定海外意大利学校与对应阶段的意大利国内学校采用相同的管理制度和教学大纲。这部法律的出台意在加强海外意大利人社区与母国的联系，同时也承认海外意大利学校学位的法律效力。

1　意大利政府机构名称时有变化。例如，2020 年 1 月意大利总理签署法令，将意大利教育、大学与研究部（MIUR）分立为教育部（MI）和大学与研究部（MUR），其中，教育部主要负责基础教育阶段相关事务，大学与研究部主要负责高等教育阶段相关事务。本书在上下文涉及具体时间时采用相应实际名称，如"教育、大学与研究部"；时间模糊时采用概称，如"教育部"。意大利政府其他机构名称依此处理，下文不一一标注。

意大利大学校际协会（l'Istituto Interuniversitario Italiano）于 1924 年成立，后改组并接受意大利外交部的直接管理。意大利退出国际联盟（Società delle Nazioni）后，1938 年意大利大学校际协会解散，取而代之的是国家对外文化关系协会（l'Istituto Nazionale per le Relazioni Culturali con l'Estero），以各种形式促进意大利文化海外传播活动。1926 年意大利文化中心成立，受意大利王国海外代表处（即后来的大使馆）管理。为了在意大利境内向外国人传播意大利语言和文化，锡耶纳外国人大学 1917 年正式开启对外教授意大利语言和文化课程的先河；1921 年佩鲁贾外国人大学成立，该校宗旨是对意大利语言、文化及历史文明等知识进行研究探讨与教育传播。

1.2.3 共和国时期的语言政策（1946 年至今）

1.2.3.1 共和国时期义务教育的普及

二战后，意大利社会发生了根本性的变化，封闭的方言区减少，具有小学教育水平的人口比例增加，语言统一进程加快。政府陆续出台一系列法令，通过教育改革的方式，基本完成了意大利语在主体民族中的普及任务。

1948 年，立宪会议将义务教育编入《意大利共和国宪法》"社会伦理关系"部分，标志着义务教育成为意大利学校改革的核心问题。然而，义务教育在改革初期成效不佳，原因主要有两点：（1）教学对象多为社会底层大众，语言基础薄弱，教师无法有效开展教学;（2）学生学习动力不强，许多学生选择逃学或辍学致使学习半途而废。1962 年意大利教育部颁布新条例，并在随后 1979 年的初中改革和 1985 年的小学改革中，进一步扩大了教育普及的覆盖面。1994 年春，意大利政府在解散议会之前，通过了两项有关学校的重要决议，建立了包括幼儿园、小学和初中在内的综合机构（第 97 号法令），并通过了与学校教育相关法令的法律汇编（第 297 号法令）。2003 年，意大利时任教育部部长莱蒂齐娅·莫拉蒂（Letizia Moratti）实行教育改革（即"莫拉蒂改革"），于 3 月颁布了第 53 号法令，该法令对意大利教育与培训制度进行了改革和重建。伴随义务教育的普及、政府政策的推进，扫盲运动取得了显著成效，文盲率从 1861 年的 80% 下降到 2001 年的 1.5%，义务教育的年限也从 1951 年的 3 年增至 2011 年的 12 年，超过世界平均水平。

与义务教育普及同时进行的，是对教师教学能力的培养和提升。意大利政府十分重视教师在通用语普及过程中的作用：在教学使用语方面，强调国家语言的重要性，规定教师在教学时应尽可能地说正确、清楚的意大利语；在和学生交流时，训练学生使用正确的发音，有意识地引导学生避免使用惯用的方言词汇、俗语表达或语法错误；政府对教师的语言能力和标准语规范使用的要求，催生了一批专门培养教师的职业学校。针对教师培养方案和语言学习课程，政府调整文科课程设置，语言学者们还大力推动独立于文科教学体系之外的意大利语教学体系。1998 年，意大利时任教育部部长路易吉·贝林格（Luigi Berlinguer）颁布了第 39 号部长令，规定有意教授文科科目的大学毕业生必须参加相应教学阶段的意大利语水平资格测试。这项政策的最直接影响是修习意大利语言学课程的学生人数显著增加，而在此之前的很长一段时间内，对教师语言学知识的要求几乎是被忽略的。

与扫盲运动取得的显著成效相比，尽管政府大力推动教育普及，意大利民众的语言能力仍稍显不足。20 世纪 90 年代的国际调查显示，意大利人的阅读能力和计算能力水平较低，亟须制定新的语言政策。一批活跃的学者开始尝试将语言学、语法学、语言习得和认知语言学等领域的理论结合起来。学校也在教学实践中着重强调读写能力的社会价值，并申明能够阅读与写作是社会公民的基本权利。语言学专家、学者呼吁政府机构完善学校教学设置，尤其是意大利语的教学设置。政府机构也与学界试验合作开展相关项目，其中比较典型的是意大利教育部与多所大学联合实施的"意大利语能力"COMPITA 计划（检验初高中高年级学生阅读与阐释文学作品的能力），以及教育部与秕糠学会联合发起的意大利语奥林匹克竞赛。

1.2.3.2　共和国时期少数群体语言政策

二战后，新生的意大利共和国加强了少数群体语言保护。意大利宪法和特别自治行政区宪章中都有关于少数群体语言保护的条款，这些条款构成了保护意大利社会多语性财富的坚实基础。具体而言，宪法第 3 条第 1 款庄严规定了一切语言的平等权利；第 6 条专门规定了对语言少数群体的保护，这一规定体现出意大利的语言保护政策从消极保护（例如第 3 条中的不歧视原则）向积极保护迈进。由于现实情况不同，意大利各地的语言保护措施存在较大差异，长期缺乏有机的顶层设计。另外，意大利的这一政策转变与当时的外部国际环境息息相关；意大利境内的部分少数群体语言是其他国家的官方语言，背靠这些国家，这部分少数群体语言在语言保护中取得了优先地位。

公民身份原则和地方性原则是意大利语言保护政策的基础：国家认可公共事务和教育中的语言权利，受到保护的不是单独的个人，而是在一定地域内由意大利公民构成的社区所使用的语言；在法律规定的语言保护地区以外，母语非意大利语者不能行使其语言权利。

在语言保护措施的落实方面，存在两类情况：一类是在社会生活的方方面面同时使用意大利语和少数群体语言，以瓦莱达奥斯塔大区为代表；另一类则在意大利语和少数群体语言间实行分离主义，两种语言的母语者都可以只用自己的母语，而无须使用另一种语言，以博尔扎诺省为代表。在学校教育上，前者的课程设置中，两种语言的教学课时相等；后者则按照母语设立两类学校，分别将非母语作为第二语言进行教学。上述两种做法各有利弊，前者有利于增加不同母语的族群之间的接触机会，但国家通用语的强势地位可能对少数群体语言构成威胁；后者有利于保护少数群体语言，但可能加剧两大族群的对立。

当时的国际形势对于意大利较为有利。通过 1975 年签署的《奥西莫条约》（Trattato di Osimo），意大利解决了和南斯拉夫之间的的里雅斯特土地争端问题，解除了割地危机。在国家内部，政治和工会抗议逐渐开辟民主化道路，其中就包括 1948 年宪法规定的语言民主。自 1970 年以来，各大区逐一明确了对大区内语言少数群体的保护，特别是威内托、巴西利卡塔、莫利塞、皮埃蒙特和卡拉布里亚大区。皮埃蒙特大区 1971 年 5 月 22 日第 338 号法规提出要 "保护文化遗产，以及大区特色的语言表达"。1971 年 5 月 22 日通过的维内托大区宪章第 340 号法令指出，"大区以社区为单位，促进文化和语言遗产的利用"。同样，莫利塞大区同日期的第 347 号法令基调也基本一致，其中第 4 条强调 "保护少数群体语言、历史和传统文化遗产，在地方行政区划层面达成共识，加强保护、利用"。巴西利卡塔大区宪章同日期第 350 号法令提出，"语言遗产是当地社群文化的载体，应该发扬本源的语言遗产"，该大区对少数群体语言保护做出了更加明确、创造性的规定。与之相区别，卡拉布里亚大区 1971 年 7 月 28 日通过的第 519 号法令提出，"发扬阿尔巴尼亚裔和希腊裔的历史、文化和艺术遗产" 并 "鼓励他们在使用这两种语言的区域教授这两种语言"（第 56 条）。该大区法令之所以重要，在于它明确提到了语言保护的具体对象，不过这两种语言至今没有在意大利境内获得官方语言认可。1975 年，意大利出台了第 382 号法令，根据宪法第 117 条的相关规定，该法将 "与大区社会最相关的教育和文化促进" 事务权能从特别自治行政区扩展至普通大区。自此，一些大区（特别是卡拉布里亚、巴西利卡塔、莫利塞、皮埃蒙特和威内托大区）自 1971 年起写入本大区宪章的语言保护议题的落实成为可能。1977 年，意大利总统签署了第 616 号总统令，第 382 号法令正式生效。1979 年，在意大利国家层面出台有机的语言保护政策的提案被呈交议会。当时，意大利民间、学术界和文艺界出现了许多有关少数群体语言保护的重要倡议。在文艺界，意大利方言文学在 20 世纪 70 年代发展兴盛，涌现出许多用方言创作的杰出文学作品，如路易吉·皮兰德娄（Luigi Pirandello）、埃托雷·彼得罗利尼（Ettore Petrolini）、托托（Totò）、爱德华多·德·菲利波（Eduardo De Filippo）等人的方言戏剧，弗兰科·洛伊（Franco Loi）和安东尼奥·博德雷罗（Antonio Bodrero）的方言诗歌，以及卡洛·埃米利奥·加达（Carlo Emilio Gadda）和皮耶尔·保罗·帕索里尼（Pier Paolo Pasolini）等人的先锋文学。在社会生活中，意大利刚刚经历了 60 年代的社会动荡，文化氛围也发生了变化。在学术界，德·毛罗等学者和意大利语言学会（Società di Linguistica Italiana）、意大利历时语言学会（la Società Italiana di Glottologia）等学术团体也开始凭借专业权威地位支持语言多样性的保护，编纂了诸多文献。意大利学界提出，要制定"双轨"语言政策，一方面提高大众的意大利语、科学用语和外语知识水平，另一方面保护地方口语，认可少数群体语言、方言的价值。

20 世纪末，意大利国内政局的变动也推动了少数群体语言保护的立法进程，促进了语言多样性遗产的继承和弘扬。20 世纪 90 年代，意大利出现"净手运动"（Mani Pulite），政治局势发生重大变化，揭开了意大利从"第一共和"过渡到"第二共和"的序幕，地方主义政党在北方兴起，走上政治舞台。他们主张"保卫语言文化特色"，并借此赢得选民的支持。在国内外环境的共同作用下，意大利于 1999 年颁布了第 482 号法令——《历史语言少数群体保护框架》（Norme in materia di tutela delle minoranze linguistiche storiche），以专门法律的形式落实宪法第 6 条的相关规定，回应了语言上的少数群体的诸多诉求。根据《欧洲区域或少数民族语言宪章》（European Charter for Regional or Minority Languages），《历史语言少数群体保护框架》保护语言少数群体的各类语言权利，涉及社会生活的许多方面：学校教育中的语言使用及语言教学、公共行政机关的语言使用、国家和地方法律法规的语言使用、地名和人名的更改，以及公共电视服务的若干具体情况。

1.2.3.3　共和国时期外来移民的语言政策

进入 21 世纪，外来移民问题引起了意大利社会的普遍关注。为了获得更优质的教育资源、基础设施和社会保障等福利，周边国家和发展中国家的居民纷纷选择移民意大利。近几十年来，随着外来移民逐渐增多，意大利由移民输出国变为移民输入国。

意大利针对外来移民的立法始于 20 世纪 90 年代。1990 年，意大利颁布了第 39 号法令，该法将 1989 年具有临时法律效力的第 419 号政令正式认可为法律。第 419 号政令是一部处理政治庇护、非欧共体公民入境和居留及境内现有的非欧共体公民和无国籍者管理事务的紧急法律，其中间接涉及语言事务。该法阐明了语言上的不歧视原则，规定要确保将入境、居留和驱逐出境的相关文件翻译为当事人可理解的语言；若无法实现，可译成法语、英语或西班牙语。在非欧共体公民的工作就业方面，该法规定，应开办专门的职业课程，并通过这些课程确保公民获得"相当于小学毕业的意大利语知识和文化水平"。1998 年通过的第 40 号法令第 2 条第 5 款规定，"为了向外国人传达入境、居留和驱逐的相关办法，将相关文件简明地译为对方可理解的语言；如果无法实现，视当事人意愿译为法语、英语或西班牙语"，这一条款体现了对移民基本人权尤其是语言权利的保护。第 36 条第 3 款规定，"学校教育界将语言和文化差异作为相互尊重、跨文化交流和宽容的重大价值"，并考虑开展意大利语课程以便促进外来移民融入本地社会，呼吁在学校教育界内部进行移民原籍语言保护。2002 年颁布的第 189 号法令也在外来移民方面提出了若干重要革新。2009 年，意大利时任内政部部长罗伯托·马罗尼（Roberto Maroni）颁布了第 94 号法令，即《马罗尼法》（Legge Maroni），被认为是外来移民语言政策的转折点，该法还引入了偷渡移民罪。

1.2.3.4 共和国时期意大利语的海外推广

20 世纪 60 年代的移民潮促成了海外意大利学校在一些欧洲国家的建立；自七八十年代开始，技术移民的增多促进了海外意大利学校在发展中国家的发展。与此同时，国际社会愈发重视对移民群体母语的保护，意大利也愈发重视劳动者（包括海外移民）的需求。1971 年，意大利通过了第 153 号法令，强调对意大利劳动者及其移民海外的亲属的教育和职业培训，其中所涉及的教育援助活动既面向未成年人（从托儿所和幼儿园阶段开始），也面向成年人。自此，面向海外意大利人的统一管理的母语教育途径分成了两类：一类是海外意大利学校教育，历史上长期由文化推广和合作司（Direzione generale per la promozione e la cooperazione culturale）
协同意大利教育部管辖，后根据 2015 年 7 月通过的《国家教育和培训制
度改革以及调整现行立法规定的政令》，即第 107 号法令规定，部分划归
意大利教育部管辖；另一类是意大利语言文化课程，由原对外移民和社会
事务司（Direzione generale dell'emigrazione e degli affari sociali）管辖，这
一机构于 1999 年改组为海外意侨及移民政策司（Direzione generale per gli
italiani all'estero e le politiche migratorie），意大利语言文化课程的学生数
量远高于海外意大利学校的学生数量，自 20 世纪 80 年代起，出于便利的
考虑，常委托给管理团体代管。

第 153 号法令一经出台，意大利国家通用语国际拓展的形势就出现了
重大变化：从 70 年代开始，意大利对外移民趋势减弱，逐渐由移民输出
国向移民输入国转变。与此同时，海外意大利学校面临多方面的挑战，越
来越难以维持统一管理。这些学校在教师更新换代、成本控制和处理与当
地学生的关系等方面遇到了诸多困难；此外，海外意大利学校里出现了越
来越多意大利籍但非意大利裔的学生，他们与意大利之间缺乏语言文化
联系。

七八十年代，持有高级职业资格的意大利海外移民增多，意大利海外
移民群体整体素质提高，海外意大利学生的需求随之升级。海外意大利学
校的吸引力逐步增强，引起了当地民众的极大关注。自 80 年代起，海外意
大利学校的学生中外国学生的占比就已达半数；随后，意大利语言文化课
程中也出现了同样的趋势。创办课程的初衷是向海外移民提供语言援助，
但逐渐兼具了向外国人进行语言文化推广的职能。这种跨文化的自觉性也
影响了意大利的国内教育体系，促进了意大利高中和大学教育的发展。

国家通用语国际拓展政策没有发生实质性变化。20 世纪 60 年代，意
大利国家通用语国际拓展立法措施主要关注工作人员的招募和待遇问
题。另外，意大利语在海外的发展状况逐渐成为重要议题。这一问题首
先在学界引发讨论，随后引起了国家机构的关注。1970 年 6 月，意大
利语言学会在罗马召开第一届意大利语国内及海外教学大会（il primo

congresso sull'insegnamento dell'italiano in Italia e all'estero）。同 一 时 期，在意大利外交部的委托下，意大利文化关系司（Direzione generale delle relazioni culturali）与文化、科学和技术合作司（Direzione generale per la cooperazione culturale, scientifica e tecnica）先后负责开展对意大利语在全世界发展状况的调查。1982 年 3 月，第一届海外意大利语大会（il primo grande convegno dedicato all'italiano all'estero）在罗马召开，语言学家乌戈·维纽齐（Ugo Vignuzzi）在会上公布了相关调查数据，与会人员包括各机构代表、语言教育工作者和语言教育界的重要学者。这次会议是意大利外交部对外语言政策的转折点，传统的对意大利语推广认识的简单二分法（即一方面对海外意大利公民和意大利裔移民而言，意大利语是本民族的语言；另一方面对外国人而言，意大利语是意大利文化传播的载体）开始发生改变。

为了满足世界各地意大利人社区的语言学习需求，意大利于 20 世纪 80 年代末成立了海外意侨理事会（Consiglio generale degli italiani all'estero），由其承担联络海外意大利人社区的职能，委员一部分来自各海外意大利人社区推选代表，另一部分由政府任命。与此同时，意大利也通过立法方式改革意大利文化中心的职能。1990 年，意大利通过了《意大利文化中心及意大利语言文化海外推广措施改革法》，这部法律的出台是意大利文化政策的转折点：意大利国家通用语国际拓展政策正式成为国家文化政策的组成部分。

1992 年，意大利通过第 204 号法令，对佩鲁贾外国人大学和锡耶纳外国人大学进行了改革。改革后，这两所外国人大学专门设置了对外意大利语言文化教育的本科课程，培养对外意大利语教师。为了贯彻 1982 年会议制定的政策路线，1993 年，意大利外交部草签了意大利语语言能力评价框架协定，授予四个机构认证资质：罗马第三大学、锡耶纳外国人大学、佩鲁贾外国人大学和但丁协会（Società Dante Alighieri）。这一语言认证制度的设立，标志着作为外语和第二语言的意大利语教学质量的重大提升：评价体系的标准化，为意大利语教师和学生的教学活动提供了透明化的衡量工具。后来，上述认证机构将意大利语语言水平评价标准与《欧洲语言共同参考框架》（Common European Framework of Reference for Languages）相统一；2012 年，随着高质量的意大利语言能力认证协会（Associazione CLIQ）的建立，意大利语的评价标准与欧洲标准进一步统一。

意大利外交部外派至世界各地大学任教的意大利语外教也发挥着语言推广的重要作用。到 20 世纪末，这些外教的数量已经十分可观，从 1974 年的 30 名增长至 1996 年的 175 名，2001 年增至 250 名。这些外教面向的群体只是意大利语学习者中的很小一部分，但是这部分学习者往往是大学意大利语专业的学生，从事的工作与意大利语紧密相关。因此，在意大利的语言政策框架中，外派的意大利语外教具有重要的战略地位。截至 20 世纪末，意大利政府自上而下的国家通用语国际拓展举措还相对有限，但全世界范围内对意大利语的学习需求显著增长。

意大利的国家通用语国际拓展战略具有二元性，既包含对海外意大利移民的语言援助，又包含对外国人的文化输出。历史上，意大利国家通用语国际拓展战略长期将这两大政策目标分别处理，而没能将其在整体政策上有机地统一起来，这种简单的二分法长期阻碍了有机的语言文化政策的制定。移民形势的转变则促使这两大领域逐渐交叉，并推动了它们在政策上的整合。

第二章
当代意大利
国家语言治理能力建设

　　文秋芳（2019）认为，国家语言治理能力是指政府处理国内外两类语言事务的效力和效率，具有全局性和统领性。建设国家语言治理能力可从三个维度入手：治理机构体系构建、规划制定与实施、语言生活研究与交流。衡量治理能力的指标主要有完整性、协调度和执行力。

　　意大利国家语言治理能力受到政府是否具有完善的语言治理机构的影响，语言治理机构的水平取决于机构能否对社会语言生活进行系统的研究，并且有效展开国内外交流。是否拥有覆盖全国的机构体系，是决定治理能力高低的行政基础。在看待意大利语言文化机构时，我们需要在了解意大利的具体国情、不同语言文化机构背景的基础上来看待语言文化机构主要发生作用的领域，厘清它们在国家语言治理中所承担的角色与所在的层面，以及不同机构之间、机构与政府之间的关系。

2.1　意大利国家语言治理机构和体系的构建

　　国家语言治理机构代表国家行使处理语言事务的职责。文秋芳（2019：60）在定义国家语言能力时指出："处理语言事务的主体是政府，而不是个人或者非官方团体。"按照《中国大百科全书》（第二版）的定义，所谓"政府",即"国家进行阶级统治、政治控制、权力执行和社会管理的机关。广义指国家的立法、行政和司法等机关的总体。狭义指国家的行政机关"。就意大利而言,作为国家语言能力执行行为主体的"政府"应该是国家层面的一切相关机关。本章将列举一些自意大利统一以来最具影响力的语言治理机构,论述并分析它们与政府语言政策之间的关系、对国家语言治理能力的现实意义。

2.1.1 语言治理官方机构

2.1.1.1 议会:语言立法发动机

根据《意大利共和国宪法》,议会是意大利共和国的最高立法和监督机构。议会的主要职能是:制定、修改宪法和法律,选举总统,审议和通过对政府的信任或不信任案,监督政府工作,讨论和批准国家预算、决算,对总统、总理、部长进行弹劾,决定战争状态和授予政府必要的政治决定权力等。

意大利议会实行两院制,又称对称两院制(bicameralismo perfetto o paritario),由众议院(Camera dei deputati)和参议院(Senato)组成,两院职权完全相同,可各自通过决议并相互关联,这被认为是长期以来意大利政府更迭频繁、议会效率不高的结构性原因。议会议员每五年选举一次。

2020 年 9 月,意大利以 69.64% 的支持率通过修宪公投,赞成削减议员人数,参众两院据此正式修订《意大利共和国宪法》相关条文,自下届议会起,参众两院总议席数将从 945 席减少至 600 席。其中参议院将从 315 席减少至 200 席,众议院从 630 席减少至 400 席,由总统任命的终身参议员在任何情况下都不得超过 5 席。

意大利众议院和参议院分别下设若干委员会,分管不同领域法律和决议的起草及审核工作。其中,参议院下辖的与语言政策相关性较大的委员会有:第一委员会(宪法事务),第三委员会(外事和对外移民),第七委员会(公共教育和文化遗产),第十一委员会(工作和社会救济),第十四委员会(欧盟政策)以及反不宽容、种族主义、反犹主义和煽动仇恨和暴力现象特别委员会等。众议院下辖的与语言政策相关性较大的委员会有：第一委员会（宪法事务）、第三委员会（外事和对外移民）、第七委员会（文化科学教育）、第十一委员会（工作）、第十二委员会（社会事务）、第十四委员会（欧盟政策）等。

意大利共和国成立 70 多年来，历任 18 届议会立法机构制定了大量与语言政策相关的法律，涉及国家语言生活的方方面面。除在中央层面设有议会外，意大利在大区、省、市等地方层级也设有地方议会，行使地方立法权。在语言政策方面，意大利各级地方议会针对本地实际语言情况立法，是意大利语言政策制定与实施过程中不可忽视的组成部分。例如，意大利大区一级地方议会在少数群体语言保护方面进行了诸多方面的立法工作，这是对《意大利共和国宪法》少数群体语言保护条款的补充和完善，并推动了 1999 年全国性的《历史语言少数群体保护框架》的出台。

意大利作为欧盟创始成员国之一，历届政府均高度重视并积极推动欧洲一体化建设。因此，意大利议会的语言政策立法工作也受到欧盟相关政策的影响。例如，20 世纪末，欧盟提出了"内容与语言整合学习"（Content and Language Integrated Learning，简称 CLIL）的教学法理念；2004 年，欧盟委员会将这一教学方法列入《语言教学和语言多样性提升》（Promoting Language Learning and Linguistic Diversity）行动方案；2015 年，这一教学方法作为学校教育目标被写入第 107 号法令。

2.1.1.2 政府：语言政策实施者

意大利实行议会共和制。总理作为政府首脑，由总统任命，对议会负责，行使管理国家的职责。本届政府成立于 2021 年 2 月，系二战后意大利第 67 届政府，总理是马里奥·德拉吉（Mario Draghi）。在国家的语言治理中，意大利政府使用行政手段落实国家的语言立法：一方面，出台议会法律的配套行政法规，进行补充和细化；另一方面，在自身行政范围内依法履行职权。涉及语言政策的政府部门主要有教育部、外交与国际合作部，文化部、内政部，等等。

意大利教育部推行法律法规，开展建国初期的扫盲运动，普及义务教育，设立教师考核标准，规定不同教育阶段意大利语教学内容、时长、考核内容，处理教学中方言和通用语的关系，促进国家通用语标准化和在意大利的普及。

意大利外交与国际合作部为国家通用语国际拓展的主要部门，依法管理海外意大利学校、意大利文化中心、海外意大利语言课程、官方派遣的意大利语外教等在海外的意大利语言文化教学活动，举办世界意大利语言文化周（Settimana della Lingua Italiana nel Mondo）和世界意大利语发展状况大会（Stati Generali della Lingua Italiana nel Mondo）等意大利语言文化的推广、交流和研究活动，并设立意大利文艺作品的翻译、配音 / 字幕和展会奖励机制。

文化部侧重文学层面的文化交流，设 "国家翻译奖"（Premi nazionali per la traduzione），每年评选一次，奖励为意大利文学外译推广或外国语言文学引进做出突出贡献的译者、出版社和其他从业人员。

在意大利，外来移民的管理属于内政部职权范围。《马罗尼法》第 1 条第 22 款第 i 项规定，外来移民须通过意大利语言知识测试，方可取得长期居留许可（permesso di soggiorno）。测试的开展方式由意大利内政部和意大利教育部的法令决定。该法的实施法令于 2010 年出台，外来移民的语言能力须达到《欧洲语言共同参考框架》的 A2 等级水平。

2.1.1.3 司法机构：语言生活监督者

意大利司法体系独立于意大利其他国家权力机构，最高司法委员会（Consiglio Superiore della Magistratura）是国家的最高司法权力机构，拥有独立司法体制以及任命、分配、调遣、晋升法官等权力。最高司法委员会由 33 人组成，总统任主席，最高法院院长和总检察长为当然成员。其他成员由议会选举的 10 名委员（律师和司法教授）和全体法官选出的 20 名法官组成，任期 4 年，不得连任和兼职。

意大利宪法法院（Corte costituzionale）负责处理法律法规的合宪性审查，协调并解决中央政府各部门、中央与地方、地方与地方之间权力划分的争议，并依据宪法处理对总统和内阁部长的指控。它由 15 名法官组成，任期 9 年，不得兼职，享有豁免权。此外，意大利还设有地方调解法官、初审法院、上诉法院、审计院（主管公共账目和养老金）等机构。

意大利的司法机构是国家和公民语言生活的监督者，依照宪法和其他与语言事务相关的法律法规做出判决，维护国内语言生活秩序，对保持意大利语、方言和少数群体语言之间语言生态的平衡起着重要的作用。例如，2012 年米兰理工大学评议会决定，自 2014 学年起开设纯英文的硕士和博士课程。部分教师反对该决定，向伦巴第大区法院提起诉讼，大区法院判决要求米兰理工大学废除这一决定。米兰理工大学和意大利教育、大学与研究部对这一判决又提出上诉，宪法法院最终于 2017 年做出判决，根据宪法第 3、6、33 和 34 条，不支持米兰理工大学的上诉，认为大学的国际化发展不得迫使意大利语处于边缘地位，大学的课程可以同时使用意大利语和外语授课，但不得以纯外语进行。

2.1.2 语言治理民间机构

意大利的语言文化机构具有广泛的民间性质，并不直接构成国家语言政策的有机组成部分；但是这些民间机构对于国家语言治理能力的影响不可忽视，这种影响会反作用于国家语言政策的制定，从而影响国家语言治理能力。本节介绍的语言治理机构除意大利学会外均活跃至今。

2.1.2.1 意大利学会

意大利学会成立于 1929 年法西斯政党执政时期。学会在运行期间受到法西斯政权的直接控制，在法西斯政权语言政策的制定中发挥了重要作用，并于 1944 年随着法西斯政党的没落而停止活动。学会成立章程的第二条款提到该学会的理念为：推动与协调意大利在各领域的知识运动，包括文学、科学和艺术，保持其纯粹的民族性，向外传播本民族优良传统与才智。

2.1.2.2 秕糠学会

秕糠学会 1582 年在佛罗伦萨成立，是意大利历史最为悠久的语言文化机构，在意大利统一时期的语言规范方面做出了理论贡献，至今仍十分活跃。创立早期，秕糠学会以开展学术研究为主，以意大利语词汇的完善与规范、词典编纂为要务，在意大利语语言系统的研究上发挥过重要作用。由于一战后的经济危机以及一系列针对词典编纂方法论的批评，根据 1923 年 3 月 11 日通过的第 735 号法令，学会的词典出版被当时的秦梯利政府叫停。直到 1964 年，在意大利国家研究委员会的帮助下，学会的词典编纂工作才恢复正常。秕糠学会重启后，在弗朗切斯科·萨巴蒂尼（Francesco Sabatini）和克劳迪奥·马拉志尼（Claudio Marazzini）等历任主席的带领下，学会开始涉足更加广泛的领域。除了单纯的学术研究外，学会开始承担起普通民众的语言顾问和指导工作。1990 年，秕糠学会创办了半年刊《你们的秕糠学会》（ La Crusca per voi ），致力于为读者解决语言语法相关问题。20 世纪末，秕糠学会已不再是一个专门的学术研究团体，而是开始顺应现代科学与社会的潮流。为转变组织职能、提高自我社会效益，秕糠学会将资源逐渐电子化，将现代语言研究的成果融入工作，并进一步面向大众，将语言研究与社会生活相结合，同时通过便利的渠道对社会生活进行指导。例如，2017 年，秕糠学会与 Utet Grandi Opere 出版社签订协议，从同年 5 月 9 日开始，秕糠学会官网上的 Battaglia 词典电子版对所有读者免费开放。另外，学会致力于完善基于语料库的线上词典《现代意大利语动态词典》（ Vocabolario Dinamico dell'Italiano Moderno ），供用户自由查阅。除此之外，秕糠学会下设意大利语言史协会（Associazione per la Storia della Lingua Italiana），协会设有专门的部门为学校提供学术咨询（即 ASLI Scuola，语言史教育咨询部门）。该部门 2010 年建立，秉承语言史协会的宗旨，致力于解决与意大利语言教学相关的问题。

自意大利统一以来，秕糠学会发挥着语言政策机构的作用，是现代意大利语的权威参考标准。进入 20 世纪后，学会更是主动承担起语言文化传播的职责，发起了一系列促进国内外语言交流的倡议与活动。在国内，学会从 2007 年起和教育部联合创办面向各级学校的意大利语奥林匹克竞赛，以提高民众对语言的重视程度，并促进国内的语言文化传播。在国外，学会主要从两个方面入手，既促进意大利语在国外的传播，还为意大利语的国内外双向沟通拓宽了渠道。首先，在学术研究方面，秕糠学会为丛书"世界意大利语史"（Storia italiano nel mondo）提供支持，还创办了"世界意大利语观察者"（Osservatorio degli Italianismi nel Mondo）以及"乐活意大利语"（VIVI ITALIANO）研究项目。前一项目主要用于研究意大利语在其他语言使用中的流变，并收集信息材料；后者致力于为国外意大利语建立一个完整的电子信息资料库，以多媒体数据库为载体传承意大利语言文化。另外，在传播与普及方面，秕糠学会与外交部合作，从 2001 年起举办"世界意大利语言周"系列活动。活动于每年 10 月举行，得到了但丁协会、各个驻外使领馆以及海外意大利语言文化组织的支持，具有广泛的影响力。

2.1.2.3　但丁协会

　　但丁协会成立于 1889 年，具有悠久的历史，至今仍活跃于推广意大利语的领域。自成立初期起，协会的宪章开宗明义彰显宗旨，章程第一条即为"在世界范围内保护和传播意大利语言文化，重新唤醒海外同胞与祖国之间的精神联系，滋养其他民族对于意大利文化之爱"。理解这一方针，需要联系历史环境。当时意大利受到奥匈帝国的压迫，领土被异国占领，但丁协会希望通过语言文化的传播提醒失地的公民，不要丢弃自己的民族认同感。协会的语言文化传播在当时主要针对两个方面，一是意大利海外移民，二是民族统一事业。协会既强调语言文化与民族的关系，又重视文化输出对于海外公民民族认同回归的作用。从但丁协会的历史与成就来看，对外的语言文化传播对于提升本民族文化软实力具有重要意义。

无论对于意大利国内的语言文化研究与推广组织，还是海外的文化代表机构，但丁协会都是重要的参照。协会如今在世界各地有 400 多名委员，以文化为认同感根基的宗旨历久弥新。从一开始，它的倡议就不局限于语言范围，而是囊括社会教育、移民问题、道德层面等各个方面。它强调语言在公民道德教育中的角色，重视海外的意大利人社区，并对其需求给予精神支持。另外，它重视学校教育和教师培训，帮助意大利移民融入新社会的同时不丢失自己的原始身份认同，对外国人保持开放态度。协会的不少倡议沿用至今，成为意大利语推广与传播的重要参考。2005 年，但丁协会获得阿斯图利亚斯亲王奖（Premio Principe delle Asturie），并且作为欧盟国家文化研究中心（EUNIC）成员积极参与国际文化合作。在促进意大利语国内外交流方面，但丁协会作为"意大利语水平资格协会"的成员，建立了"但丁语言计划"（PLIDA）考试体系。该考试针对非意大利母语者，得到意大利外交部的官方认证。

2.1.2.4　山猫学会

意大利山猫学会（Accademia dei Lincei）成立于 1603 年，宗旨为"推动传播，协调融合科学知识，并在完整统一的文化中以崇高的方式来表达科学知识"（学会章程第一条）。该学会在意大利语言研究方面也做出了重要贡献。2010 年，学会与意大利教育、大学与研究部联合推出"新型教学方式：建立国家网络"项目，打造教师培训活动体系，并以意大利语、数学、科学等三门学科的进修课程作为试验，寻求改善国家教育系统的新方法。

2.1.2.5　意大利语言学会

意大利语言学会成立于 1967 年，由意大利著名语言学家德·毛罗等语言学者创建。该学会成员覆盖面广，其理论语言学和应用语言学研究的观点对意大利的语言学发展做出了较大贡献。自 2017 年起，意大利语言学会每年都在国内或会员活跃的国外机构组织国际性研究大会。

2.1.2.6 语言教育研究与干预小组

语言教育研究与干预小组（Gruppo di Intervento e Studio nel Campo dell'Educazione Linguistica）属于意大利语言学会的分支机构，1973 年在德·毛罗的提议下成立，宗旨是"致力于创新语言教学方法和技术，推动不同教育阶段语言学习者提高理解能力和学习意识，研究社会现实语言状况和多样化特征，研究语言官能整体和多样化的特点，以及语言机制历史流变的决定特征"。[1] 小组的创立宣言是《关于民主语言教育的十点论纲》（Dieci tesi per l'educazione linguistica democratica），旨在定义语言教学的基本理论和参与途径。宣言一经发布，便引起意大利学术界和教育界的广泛关注。该宣言首次提出了对传统语言教学的质疑，指出传统语言教学模式对方言学生语言背景的忽视，提倡以书面写作为中心的教学模式，强调实际应用中口语、写作技巧的重要性，对意大利学校语言教学目标、模式和教学重点的确立产生了较大的影响。

2.2 意大利国家语言规划与实施

意大利国家语言治理机构和体系是通过一系列法律法规的制定和执行逐步建立起来的。国家层面的语言规划以法律为准绳，议会和其他语言治理机构通过立法、司法和执法等行为与公众互动，切实保障人民的语言权利。政府部门针对语言管理中出现的问题制定对策，其管理行为和能力直接反映国家语言政策的导向，并受社会的监督和议会的监管。下文将从意大利国家语言规划相关的法律出发，分析意大利语言规划与实施的具体情况。

2.2.1 涉及语言规划的主要法律

语言政策与规划研究已有六七十年的发展历史。从学科划分的角度来

---

1 资料来源：意大利语言教育研究与干预小组官方网站，https://giscel.it/chi-siamo/（2022 年 8 月 31 日读取）。

看，语言规划属于社会语言学、接触语言学的分支；从规划主体而言，语言规划是政府和社会团体的行为，目的是促进语言的社会功能的发挥。在实践层面上，语言规划对语言文字实行管理，对语言的选择、语言的标准化与规范化、文字的创新与改革等进行干预和规范。在长期的实践中，语言规划逐步分为地位规划（status planning）、本体规划（corpus planning）、习得规划（acquisition planning）三个次类。

2.2.1.1 地位规划

语言的地位规划是在社会层面为某种语言配置新的功能，如官方语言、国家通用语、国际通用语、教育语言等；但明确的语言立法很难做到法律意义上的平等，语言因其不同的法律地位会产生不同的社会等级和政治等级。就等级范围而言，我们可以将语言分为拥有地位和象征性功能的民族语言、官方语言、法律语言、本族语言、区域语言以及少数群体语言。

1）民族语言

民族语言是国家的主要组成民族的语言。与其近似的通用语言是指被行政机构赋予更大象征意义的语言，如法语、希腊语、西班牙语等。

2）官方语言

官方语言指具有语用价值和交流意义的语言，象征意义不强。当官方语言和民族语言共存于法律中，首先需要确定的是，拥有实用意义而不是象征意义和自我认同意义的语言更有价值。当然也存在某种语言既是官方语言也是民族语言的情况。当某个国家有多种官方语言，这些语言会被称为联合官方语言。

3）法律语言

不同于民族语言和官方语言，法律语言是一种特殊的专业语言。它不赋予目标语言任何优势或意识形态地位，也不以任何方式迫使公民与之产生特定的关系。法律语言有其特有的习惯用语、句型和风格，具有庄重性、严密性。

4）本族语言

本族语言使用于加泰罗尼亚的法律术语中，用以定义一种虽然不能代替整个国家的民族语言，但代表了自己所属民族的语言。在一个不被视为国家、不能拥有"民族语言"的区域实体中，使用本族语言具有强烈的象征意义。这一概念目前正在扩大，在语言规划研究中也可以通过其他语言立法来获得本族语言的地位。

5）区域语言

区域语言目前只存在于教育层面，是承认某些土著语言的某些（少数）权利的概念。区域语言不是国家语言概念，该区域从属于某个国家，区域自身不具有真正的自主权。《欧洲区域或少数民族语言宪章》中也出现了"区域或少数民族语言"的表述，其基本含义是某国的一部分公民使用的语言，其使用人口数量低于其他语言。使用该类语言的人口一般居住于国家领土的特定地区。

6）少数群体语言

在国际上，"少数（群体）语言"一词长期被用来定义所属国家的官方语言以外的语言。作为建立在语言意识形态基础上、体现各方权利关系的语言，其规划制定的前提之一便是少数群体的存在；同时，语言政策的制定和语言上的少数群体权利的体现也是语言多元主义概念中对立统一的两个方面。

意大利的语言地位规划可从宪法、共同立法机构和大区或省级法律法规三个层面上得到阐述。下面对与语言地位规划联系最为紧密的两部意大利法律进行简要介绍。

1）《意大利共和国宪法》

《意大利共和国宪法》中涉及语言的条款共有四处：[1]

【基本原则】第三条 所有公民都有同等的社会尊严且在法律面

1　以下引文由作者译自意大利语版《意大利共和国宪法》。

前一律平等，不分性别、种族、语言、宗教、政治观点和个人及社会地位的差别。

【基本原则】第六条　共和国以特别的规范保护语言上的少数群体。

【第二篇第四章第二节　诉讼程序】第一百一十一条　在刑事诉讼程序中，法律保障被指控人在尽可能短的时间内，得知对其提出应负责任的指控的性质和理由，并为其准备辩护安排必要的时间和条件；其有权在审判官面前向宣称其应承担责任的人进行质问或让人质问，在与控诉方同等条件下，有权为了其辩护召集和询问有关人员，以及获得对其有利的任何一种其他证据形式；如果不能理解或不使用那种在诉讼中使用的语言时，有权得到翻译的协助。

【过渡性决定和最后决定】十　对一百一十六条所指的弗留利-威尼斯朱利亚区，暂时采用第二篇第五章的一般规定，但应坚决遵照第六条保护语言上的少数群体。

　　四条款中有三条强调语言上的平等，其中两条专门突出保护"语言上的少数群体"（minoranze linguistiche）[1]；可以看出，意大利在普及通用语的同时，十分注重语言平等。但意大利语的官方语言地位在国家宪法中没有明文规定，而是通过隐性的方式体现，关于这一问题，将在下一节详述。

　　在巩固和加强意大利语地位的问题上，2018年参议员安东尼奥·扬诺内（Antonio Iannone）提出了较有代表性的第748号提案，指出意大利自2000年以来欠缺保护意大利语的语言政策以及官方的语言规划机构。该提案条款包括：在不违背宪法的前提下，明确意大利语作为官方语言的地位，规定在所有涉及行政机构与公民关系的条文、法令中使用意大利语；在文化与服务领域，所有公共或私人机构在描述、信息通告、文件等

1　在意大利语语境中，"语言上的少数群体"可以粗略地分为两类：一类是讲其他国家的官方语言如法语、德语和斯洛文尼亚语的人，由于历史上国家版图的变更，这些人成为意大利的语言少数群体；另一类则是在意大利境内长期存在的讲其他少数民族语言的人。

方面必须使用意大利语，严禁使用外来词描述意大利地名、产品等；公共场合的通告、宣言须使用意大利语或翻译为意大利语；行政机构负责人须掌握意大利语。提案还规范了在合同签订以及教学场合意大利语地位的保护。提案第七款提议意大利政府设立意大利语高级委员会（CSLI），负责与公共和私人机构合作，在意大利及国外保护、加强和传播意大利语。

2）《历史语言少数群体保护框架》

经过长期讨论，意大利政府最终于 1999 年颁布了第 482 号法令——《历史语言少数群体保护框架》。该法以专门法律的形式落实了宪法第六条的相关规定，回应了语言少数群体的诸多诉求。该法令扩大了语言保护的覆盖面，综合考虑语言的地域分布、使用人数和历史情况，也将更多语种纳入了"少数群体语言"的范畴。

以《历史语言少数群体保护框架》为开端，意大利开始将意大利语以外的语言纳入国家语言规范当中，并尝试引导其成为行政管理的相关语言，创新性地提出了促进各类书面语发展的主张，用以保护方言和少数群体语言。这也标志着意大利开始承认本国多语言、多文化的特征，并承诺对少数群体语言给予新法规认可下的更多保护。

法令第一条首次规定了意大利语的官方性，同时也规定了共和国的非官方语言的地位和意义，并以法律形式对各语言使用者的语言权利予以保护。

第二条列举了语言保护的具体对象，并将其模糊分为两组。第一组以族群特点区分，第二组以语言使用特点区分。此外，该条明确提出了对语言和其所承载文化的保护，要求将语言与公民实际需求及个人意愿结合。（第二条："共和国保护阿尔巴尼亚语、加泰罗尼亚语、日耳曼语、希腊语、斯洛文尼亚语和克罗地亚语的居民以及讲法语、普罗旺斯语、弗留利语、拉迪诺语、奥克语和撒丁语的居民的语言和文化。"）

第三条确定了该法律的重要原则之一，即少数群体的地位是通过自主机制赋予的原则。个体人对少数群体的归属不由法律规定，而是由公民根据自身归属认同而主观决定。

第四至六条涉及学校教育相关规定，规范学校年级设置，关注少数群体语言文化研究，组织教师语言课程与培训。

2.2.1.2 本体规划

语言规划的目的之一是有意识地干预特定区域内不同语言之间的关系。语言规划活动可以优化语言结构、维护社区语言生活，对语言进行定型或规范、修改或完善必须设定的内在语言目标。本体规划针对语言内部机制，指的是对于拼写、语音、形位、句法和词汇制定标准，使语言能够在实际交流中具有效力，从而承担起地位规划所赋予的任务，主要涉及语言文字标准化和规范化问题。[1] 其中，字母表的选择在很大程度上由语言之外的因素决定。一般来说，地理位置和社群文化是字母表选择的决定性因素，人们会在本地使用现行的字母，而用传统字母表示区域内存在的其他语言。因此，西欧或美国新编码的语言采用拉丁字母，东欧国家则倾向于采用西里尔字母。另外，意识形态因素特别是宗教因素对字母表选择的影响也不容忽视。拉丁字母自 14 世纪起与天主教密切交织，之后的希腊字母、西里尔字母则与天主教改革后的东正教息息相关，斯拉夫民族的天主教社群（波兰、捷克、斯洛伐克、斯洛文尼亚、克罗地亚）使用的字母都是源于传统的拉丁字母，而选择源于希腊字母的西里尔字母社群（俄罗斯、白俄罗斯、乌克兰、塞尔维亚、北马其顿、保加利亚）都信奉东正教。

《历史语言少数群体保护框架》的第七至九条对行政语言的使用进行了说明，规定了意大利语相对于其他少数群体语言的绝对优先，要求学校教育如在意大利语之外学习少数群体语言需要获得学生父母的支持。另外在意大利国家公共行政部门中，只有意大利语的法条和决议才具有法律价值，但并没有规定必须将其翻译成少数群体语言。

---

1 关于意大利语语法教学的发展和规范性词典的发展将在本书第三章第二节详述。

2.2.1.3 习得规划

习得规划与本体规划和地位规划并列，指为增加一门语言潜在使用人数而采取的公共干预的总和；后发展为语言教育规划，涉及语言学习、语言普及等方面的问题。可以说，习得规划是实现语言地位规划和本体规划的重要手段。相较于地位规划与本体规划，习得规划更为微妙，由于说话者对其所使用或与其有关联的语码的清晰感知，以及对语言声望问题的高度敏感，习得规划容易受到政治、经济、审美、身份认同等方面的细微影响。

1）政治

语言不只在法律上有不同的地位，在政治上亦然。例如，阿尔卑斯山东部居民对于德语的掌握水平远高于西部居民；在西部，相对于奥克语，当地居民又更倾向于掌握法语。

2）经济

与政治地位紧密相关的是经济地位。说话者总能强烈地感受到一门语言的经济声望，这也是人们对语言的态度发生明显改变且长期持续的原因。

3）审美

与政治、经济维度不同，审美维度较少受外界和社会影响。语言学习者对语言有自我判断，会自主评价"漂亮的语言"和"丑的语言"、语言和方言、高声望语和低声望语，或是否属于受人尊敬阶层的表达方式等。

4）身份认同

语言的第一身份与政治、经济因素关联较少，和审美因素关系更为密切。在存在多语现象的社群中，能够引起人们产生身份认同感的语言并非声望高的标准语，相反，他们自己语言中的"不足之处"往往会成为其身份认同的基本价值标准。说话者在言说这种语言时，语言中的声望价值被排除，其他价值被体现；正是由于所说语言没有声望或不标准，说话者才能更清楚地感受到自身与语言群体之间的亲密联系。从社会语言学角度分析，这种语言又称为方言。

与意大利习得规划相对应的法律为意大利的"国民教育法"。与其他国家不同的是，意大利的教育法是通过一系列的教育和培训系统改革，以不同的法令规定逐步确立下来的，各法令皆有对通用语、第二语言以及外语教育的不同侧重。本书将在各相应章节中详述。

现行的教育法规的基本框架延续自 2003 年通过的第 53 号法令。该法令通过了意大利教育系统改革的总体计划，授权政府制定随后的立法法令，为学生家庭提供了更多可能空间；同时政府提倡改革教育制度，整顿学校管理，重新拟定"教育体系重组和发展计划"。

为提高语言教学质量和外语教师的语言水平与能力，意大利除在教师教育中引入 CLIL 教学法，还出台了《语言培训计划》(Piano Formazione Lingue)。根据 2010 年第 88 号、第 89 号总统令相关规定，第二阶段教育学校有义务在第四年通过 CLIL 教学法开设用外语教授非外语学科的课程。《语言培训计划》旨在促进和发展不具有英语教学资格的小学教师的语言交际能力和教学方法能力，主要分为语言交际培训和教学方法培训两个板块。

此外，意大利议会于 2015 年 7 月通过了第 107 号法令，规定了教育系统改革的各个方面，特别强调了学校机构的自主权。2019 年通过的第 92 号法令引入了关于公民技能的新规定，要求教育单位加强与家庭的合作，并提出了"数字公民"(cittadino digitale)的概念。

2.2.2　意大利语官方语言地位在法律中的隐性体现

2.2.2.1　隐性体现方式

如前文所言，意大利语的官方语言地位并没有在宪法中明文规定，这一问题长期引起学界和政界的广泛关注与讨论。自 1988 年起，意大利秕糠学会呼吁填补宪法中有关国家官方语言规定的空白，但至今仍未实现。实际上，意大利语作为通用语在主体民族中的普及已基本完成。因此，意大利语的官方语言地位并非真正"缺位"，而是通过隐性的方式呈现的，具体可以从以下五个方面概括。

第一，并非所有其他欧洲国家都在宪法中规定了官方语言。欧盟成员国中，仅有 14 个国家的宪法规定了官方语言，其余欧盟成员国与意大利类似，其宪法对官方语言并未做出规定。官方语言在宪法中的缺位，不代表国家语言政策的缺位，也不代表国家不重视本民族语言。

第二，意大利的法律体系并非完全缺乏对意大利语地位的宪法性规定。特别自治行政区瓦莱达奥斯塔大区和特伦蒂诺 – 上阿迪杰大区的大区宪章对官方语言都做出过相关规定。1948 年通过的瓦莱达奥斯塔大区宪章中有三条明确指出了意大利语的通用语地位：第 38 条，"在瓦莱达奥斯塔大区法语与意大利语具有同等地位。可用二者中任一语言撰写公共文本，司法当局除外，其措施应用意大利语撰写。瓦莱达奥斯塔大区的国家行政机关可录用本大区人或懂法语的人员担任官员"；第 39 条，"在大区所属的各类型、各阶段的学校中，每周法语的教学课时与意大利语相等。一些学科可用法语授课"；第 40 条及其附加条款，"各学科的教学服从国家现行法律法规和项目的规定，并适应当地需要进行适当调整。上述调整以及用法语教学的学科，由公共教育部代表、瓦莱达奥斯塔大区议会代表和教师代表组成的委员会审议、批准并执行"。1972 年通过的大区宪章也涉及了语言问题。例如第 19 条规定，"在博尔扎诺省的幼儿园、小学和初中的教学中，用意大利语或德语进行授课，由与学生母语相同的教师以其母语授课。自小学二年级或三年级起（根据该省关于有关语言群体的已制定的法规）直至初中，强制开展第二语言教学，由以该语言为母语的教师授课"。

第三，虽然宪法没有明文规定意大利语为国家官方语言，但是宪法文本本身以意大利语起草，实际上体现出了意大利语的官方地位。在司法实践中，意大利宪法法院 1982 年第 28 号判决中规定："宪法以含蓄的方式表明我国体制认可意大利语作为必须使用的唯一官方语言。"

第四，《历史语言少数群体保护框架》首次明文规定意大利语为"共和国的官方语言"。在司法实践中，意大利宪法法院 2009 年第 159 号判决援引这一条款时已将其视作宪法性质的原则，认为该条款并非只有形式上的作用，还可作为其他法律法规中"少数群体语言"和"官方语言"相关概念的解释标准。

第五，在意大利议会实践中，意大利语已经是实际上的官方语言。根据王国时期规定，众议员和参议员可以用法语发言，但 1947 年意大利制宪会议上通过的《意大利共和国宪法》没有保留这一条款。如今，如果有议员在议会发言中使用方言，议长都会剥夺其发言机会。除此之外，海外当选的议员也不得使用除意大利语以外的其他语言发言。意大利议会强制使用意大利语，保障了宪法规定的议会工作公开性原则。

因此，意大利语在意大利作为官方语言的事实毋庸置疑，是否在宪法中明文体现，并不能成为意大利语官方地位确立的唯一标准。意大利语官方语言地位在法律中的隐性体现，也受国家统一进程、民族特性等多方面因素的影响，同时与少数群体的保护问题、各地区方言的地位问题之间存在微妙的关系。

2.2.2.2　国家语言治理机构对官方语言"入宪"的探索

自 2000 年起，意大利各语言治理机构围绕是否有必要在宪法中将意大利语确立为国家官方语言这一问题展开了讨论。意大利议会从第 14 届开始，定期将制定宪法性法规以确立意大利语的官方地位提上议程，并进入议会的立法程序，但由于参众两院的意见无法统一，屡次不得通过。2000 年 7 月，修改宪法第 12 条的提案在众议院通过，参议院却对其未予讨论。2002 年类似情况重现，提案于 3 月 26 日在众议院通过，但没有在参议院通过。2003 年的提案转为修改宪法第 9 条。2006 年的提案再次要求将意大利语的官方语言地位写入宪法第 12 条。此后，2008 年（第 12 条）、2009 年和 2010 年（第 9 条）、2011 年和 2013 年（第 12 条），类似提案在议会中反复出现，却始终无法得到参众两院的共同通过。学界认为，意大利语的官方语言地位问题不是政治问题，而是文化问题；如果需要在宪法中将意大利语确立为国家官方语言，那么不应修正宪法第 12 条，将意大利语与国旗并列，而应修正涉及文化问题的第 9 条，将其作为文化遗产进行保护；意大利语的保护与少数群体语言的保护并无高下之别，应当将二者并列，以防范文化帝国主义的倾向。

国际因素对意大利语"入宪"动议也产生过一定的推动作用。1992 年，《马斯特里赫特条约》（Treaty of Maastricht）签署，欧洲一体化进程进一步深化，欧共体各成员国的国家制度逐步整合，在国际互动中彼此影响。2000 年，意大利语"入宪"的必要性就被提出并讨论，这一提案也被部分学者认为是意大利对英语"霸权"的有效回应。

20 世纪后期意大利共和国向"第二共和国"转变，政治格局发生深刻变化，一些新崛起的政党开始推动自治运动，对统一的民族身份持批判态度。北方联盟的前身伦巴第联盟就在其纲领中提出使用地方语言的主张，[1] 但该主张并未实现，也并未在振兴各地方言的问题上提出制度层面的有机规划，其对语言多样性的强调被视为与民族语言、民族身份认同相矛盾。

进入 21 世纪，与北方联盟政见不同的两个政党于 2006 年联手呈递提案，要求加强意大利语作为民族语言的象征意义，这一提案得到了秕糠学会的大力支持。2007 年，众议院通过了在宪法中确立意大利语作为官方语言的提案，然而该提案依然止步于参议院，背后的原因离不开北方联盟 2008 年赢得选举并上台执政的影响。

2.3　欧盟框架内的意大利语言治理

如前文所言，语言政策可分为语言地位规划、语言本体规划和语言习得规划三个次类。欧盟共有 24 种官方语言，不存在超国家通用语，故欧盟的语言政策不涉及本体规划（对语言书写形式、发音以及语言用语的规范化要求），本体规划由各独立国家分别负责。

1967 年欧共体在成立之时，就将多语制作为一项基本原则在法律层面予以认定，并通过行政和组织架构加以贯彻。如今，这项原则已经全面

1　伦巴第联盟于 1989 年改组为北方联盟，在意大利政坛中具有重要地位。

渗透到欧盟核心机构的日常运行和决策程序中，对于各成员国的一体化进程有着不容忽视的影响，相关法律对于成员国及其公民更是有着直接约束力。欧盟委员会对多语制的官方定义为：社会、机构、群体或个人在每天的生活中经常使用一种以上语言的能力；亦指在一个地理区域、政治地理区域或政治实体内，多种语言的共存（戴曼纯、何山华 2017：10）。

《建立欧洲经济共同体条约》（Treaty Establishing the European Economic Community）第 217 条以及《建立欧洲原子能共同体条约》（Treaty Establishing the European Atomic Energy Community）第 190 条提到："有关共同体语言机构的规定，由理事会在不妨碍欧洲法院议事规则所含规定的情况下，以全体一致决议确定。"意大利是欧共体创始成员国之一，随后欧共体将意大利语纳入其官方语言的序列。

2.3.1 与欧盟一致的意大利语言政策立法

自现代民族国家体系兴起后，消除少数民族语言以实现语言统一成为绝大部分资本主义国家在相当长的一段历史时期内语言政策的主要目标之一。二战之后，一些主要的国际人权公约开始提出有关语言权利的条款，如 1945 年签署的《联合国宪章》（Charter of the United Nations）、1948 年通过的《世界人权宣言》（Universal Declaration of Human Rights）、1950 年签署的《欧洲人权公约》（European Convention on Human Rights）等，但是其中皆缺乏具体措施。第一个就历史性方言和少数民族语言问题提出具体保障措施和明确要求的区域性国际条约是 1992 年欧洲委员会通过的《区域或少数民族语言宪章》（1992 年获得通过，在交付各成员国签署后，于 1998 年正式施行，以下简称《宪章》),《宪章》与 1994 年通过的《保护少数民族框架公约》（Framework Convention for the Protection of National Minorities）一道成为应对少数群体问题的国际法框架。

欧洲议会最先发出发展少数民族语言的呼吁，并于 1981 年 10 月 16 日通过了《关于区域性语言文化的共同体宪章及少数民族权利宪章的决议》（Resolution on a Community Charter of Regional Languages and Cultures and a Charter of Rights of Ethnic Minorities)。其中部分条款指出，少数民族及语言上的少数群体要求自身权利的运动必须得到关注，呼吁成员国政府及地方政府在教育、传媒、公共领域促进少数民族语言的使用，并请求欧共体委员会提供经费，对欧洲少数民族语言状况进行调查。1981 年 10 月，欧洲少数民族语言办公室宣布成立，其主要工作包括协调相关研究项目、收集相关数据以及发布研究报告等。1983 年 2 月 11 日，欧洲议会通过了《关于支持少数群体语言与文化的决议》(Resolution on Measures in Favour of Minority Languages and Cultures)，吁请成员国从立法与实践的角度来消除对少数群体的歧视，但是欧共体委员会并未按照欧洲议会的决议行事。1987 年 10 月 31 日，欧洲议会又通过了《关于区域和少数民族语言与文化的决议》(Resolution on the Languages and Cultures of Regional and Ethnic Minorities)，再次呼吁欧共体委员会就保护少数群体语言文化在各国法律上落实具体措施。1992 年 11 月 15 日，欧洲委员会通过了《宪章》，这是欧洲在区域和少数民族语言方面最重要的政府间协定。《宪章》首先承认个人在公共生活中使用区域和少数民族语言的权利，并在官方文件中对语言上的少数群体和使用区域与少数民族语言的地区做出定义。同年 12 月 18 日，联合国根据第 47/135 号决议通过了《在民族或族裔、宗教和语言上属于少数群体的人的权利宣言》(Declaration on the Rights of Persons Belonging to National or Ethnic, Religious and Linguistic Minorities)，明确了少数群体语言的使用自由。随后，欧洲议会于 1994 年 2 月 9 日通过了《关于欧共体内语言与文化上的少数群体的决议》(Resolution on Linguistic and Cultural Minorities in the European Community)，呼吁欧共体各成员国尽快签署这一决议并在各国议会表决通过。决议由欧洲委员会各成员国自愿签署，签署后需要成员国根据国内法定程序批准，成员国需要承担相应的履约义务，签署决议后的当年就本国少数群体语言保护现状向欧洲委员会秘书处提交报告，随后每三年须就相关进展及现状提交报告，秘书处将审查、核实签署国提交的报告并向全体大会提交评估报告。《宪章》自 1992 年通过后，大部分欧洲国家并未积极响应。截止到 2012 年 1 月 16

日，欧洲委员会 47 个成员国中，有 25 个成员国签署并批准了《宪章》；有 8 个国家签署了《宪章》但没有批准，意大利就在此 8 国之列。对于没有批准《宪章》的国家，欧洲委员会难以对其区域或少数民族语言政策发挥任何实质性影响。2012 年 3 月，共有 84 种语言被欧洲委员会收录到受保护目录中，其中有意大利的德意志族、斯洛文尼亚族、摩洛哥族语言。在 2012 年欧盟成员国公民母语状况调查中，意大利公民以意大利语为母语的占总人口的 90.4%，与 2006 年相比，自称母语为非意大利语的人口估计数有所增加。

相对于欧洲其他国家，意大利民族国家形成时间较晚，在很长一段时间内，对语言少数群体的保护政策都直接依附于国际法的相关规定。时至 20 世纪末，意大利少数群体的语言保护政策仍主要依赖大区层面的立法，境内长期存在的很多少数群体语言未得到国家的立法保护（如加泰罗尼亚语、希腊语、阿尔巴尼亚语、瓦尔瑟语、普罗旺斯语、克罗地亚语等），社会融入水平较低的罗姆裔、犹太裔、亚美尼亚裔等群体的语言权利也得不到保护。

欧洲议会和欧洲委员会是欧洲语言保护方面最活跃的两个超国家组织机构，对意大利国内的语言多样性保护尤其是大区层面的少数群体语言保护产生了重要的推动作用。1975 年签署的《赫尔辛基协议》（Helsinki Accords）首次在国际层面正式提出了对"区域或少数民族文化"权利的集体保护，成为意大利少数群体语言保护政策的立法起点。在国际大环境的推动下，意大利也加快了对少数群体语言保护的立法工作，最终于 1999 年颁布的第 482 号法令《历史语言少数群体保护框架》，成为意大利少数群体语言保护的专门法律和纲领性文件。

2.3.2　与欧盟呼应的意大利语言教育政策

早在 1950 年，《欧洲人权公约》就规定了各语言群体的平等权利。《建立欧洲经济共同体条约》第 126 条提到："1. 共同体通过鼓励成员国之间的相互合作并采取支持措施致力于提高成员国的教育质量，完全尊重其教学内容、教育体系以及文化语言多样性。2. 共同体将致力于发展联盟层次上的教育，尤其是通过对成员国语言的教学及传播来实现。"随后欧洲议会先后在 1983 年、1984 年和 1988 年通过了关于在欧共体积极开展外语教学和传播的专项决议（傅荣 2003）。

欧盟促进语言多样性与语言学习的主要措施之一是资助教育、培训及文化领域与语言学习有关的项目，主要包括"苏格拉底计划"（Socrates Programme）和"达·芬奇计划"（Leonardo da Vinci Programme），每年对其投入超过 3,000 万欧元的资助。为了执行"苏格拉底计划"，欧盟委员会将其分为 8 个项目，其中与外语教育和学习相关的主要是灵格项目（提升语言能力）和伊拉斯谟项目（高等教育领域学生交流和师资培训）。

然而，此类项目对于外语学习没有提出明确的政策性指导意见。1995 年欧盟理事会部长会议通过了《关于在联盟教育体系提升外语教育及推进外语教育多样性的决定》（以下简称《决定》），后发布《关于教育和培训的白皮书》（以下简称《白皮书》），标志着欧盟开始形成了明确的外语教育指导思想。《决定》要求："在所有成员国中，学生应有机会在义务教育阶段至少连续两年接受两门不同于母语之外的联盟语言的教学。"《白皮书》将成员国公民学习掌握三种欧洲语言作为其主要目标之一，并建议外语学习应从学前教育开始，在小学教育中系统进行，在中学开始学习第二门欧盟外语。2000 年 7 月 17 日，欧洲议会和欧盟理事会通过决议，确定将 2001 年定为"欧洲语言年"，在该活动年组织各类语言活动，并将此后每年的 9 月 26 日定为"欧洲语言日"。

2002 年在巴塞罗那召开的欧盟首脑会议将"母语＋两门外语"确定为联盟公民的外语学习目标，欧盟委员会发布了多个促进外语学习和多语学习的文件或行动计划。2003 年开始建立联盟语言能力指标评估体系。2003 年，为促进欧盟范围内语言学习的多样性，欧盟委员会首次出台纲领性文件《2004—2006 年度促进语言学习及语言多样性行动计划》（以下简称《行动计划》），将欧盟的主要职责规定为"支持并补充成员国的举措，通过协调合作与交流帮助成员国提高教育质量和发展职业教育，开展适合在联盟层次上进行的工作"，在此原则上《行动计划》对成员国在各个教育阶段如何促进语言多样性与语言学习均给出了建议，要求采用以外语为媒介学习一门课程的方式来学习一门外语；此外，还发出了终身语言学习的倡议，呼吁将语言学习贯穿于小学、中学、大学及成人教育的各个环节，力求将更多语种纳入外语学习计划。2005 年和 2008 年相继出台的《促进多语使用的新战略框架》和《多语社会：欧洲的财富和共同的责任》，也是对《行动计划》的有益拓展和补充。

2.4　意大利国家语言治理能力小结

文秋芳（2019）结合中、美两国的国家语言治理能力的特点和架构，提出衡量治理能力的指标主要有完整性、协调度和执行力。完整性是指政府对国家语言治理是否有上下联动、覆盖全国的机构体系，这是决定治理能力高低的行政基础；协调度是指横向机构之间的联动与合作；执行力关注整个行政体系运行的效果。因此，意大利国家语言治理能力受到其政府是否具有完善的语言治理机构、机构之间是否有较强的横向联动以及行政体系运行效果的影响。

从完整性上看，意大利的语言治理体系相对完整，由立法、司法、行政治理机构各司其职。议会作为立法机构在治理事务中发挥着极其重要的作用，教育部、外交与国际合作部、文化部、内政部等政府部门出台议会法律的配套行政法规，并在自身行政领域范围内依法履行职权。对内普及义务教育，开展通用语推广工作，对外开展文化外交，实施国际拓展。从协调度上看，意大利没有像中国一样设立类似于国家语言文字工作委员会的专门机构，不同机构多着眼于各自职能所在，当涉及跨部门协同工作时，容易出现"空白"区域，影响国家语言治理的效果。作为语言生活监督者的意大利司法机构，在维护意大利国内语言生活秩序，保持意大利语、方言和少数群体语言之间语言生态的平衡方面起到了一定的作用，但同样由于缺乏专门的语言治理机构，国家语言治理的效果受到较大影响。

从执行力上看，由于意大利的议会制度繁复、立法程序冗长，语言政策的出台和落实受到诸多因素制约，通常耗时较长或无疾而终。

能否贯彻落实欧盟的语言政策，是欧盟对其成员国及准成员国进行监督和评估的一项重要标准。意大利作为欧盟成员国之一，积极回应欧盟政策，一直紧随欧盟步伐，与之紧密联动。但也正是因为对欧盟政策的过度依赖，加之本国立法程序冗长，政府机构变动频繁，大部分语言治理法律法规都直接照搬欧盟现有规章制度，在本国语言政策的制定方面，尤其是在立法和监督方面，尚有欠缺。

如果以中、美等国的语言治理能力为衡量标准，意大利的国家语言治理能力在各项指标上都处于中下水平；但意大利的语言治理有其特殊的承载主体——非政府的社会民间组织，其中包括语言社会组织、学术研究团体、学校、媒体。因此，意大利的语言治理体系主体呈现出多元化特征，行政主体通过与社会主体的交互组成网络，相互提供支持。这一体系的优点在于灵活程度较高，但相互制约不足。总体而言，意大利的语言能力治理机构体系呈现出相对分散与自发的特点，非政府的语言文化研究传播机构自发地为政府分担了社会责任，政府和社会组织的互动合作较为频繁。

第三章
当代意大利
国家语言核心能力建设

　　文秋芳（2019）认为，在国家语言能力中，国家语言核心能力处于优先发展位置，具有基础性和先导性特点，是国家政治安全、领土完整、社会和谐、经济发展、文化繁荣、信息安全等的压舱石。

　　国家语言核心能力涉及四个维度：国家通用语普及、国家通用语规范使用、国家语言智能化与国家语言和谐生活建设（文秋芳2019）。衡量这四个维度的评价指标是政策力、实践力和绩效力。政策力是指政府对通用语的普及是否制定了比较完善的政策、法规；实践力是政府对普及国家通用语采取的措施是否具有广度和深度；绩效力是指普及通用语所取得的成效如何。

　　确立国家通用语的法律地位是普及和推广的前提。在立法层面，作为国家的根本大法，《意大利共和国宪法》并未明文规定意大利语为官方语言，但意大利语的官方属性以多种隐性方式得到了体现。在实践层面，意大利语的普及和推广，主要依托学校实施一系列的教育体制改革，辅以使用规范得以实现，并通过智能化建设加速发展。妥善处理国家通用语和少数群体语言之间的关系一直是意大利国家语言核心能力建设的重心，本章将分别对以上问题进行详述。

3.1　意大利国家通用语普及和推广

3.1.1　意大利国家通用语的确立

纵观欧洲其他国家，奥地利、保加利亚、爱沙尼亚、芬兰、爱尔兰、拉脱维亚、马耳他、波兰、罗马尼亚、斯洛伐克、斯洛文尼亚、西班牙等国都在宪法中都明确规定了本国的官方语言。法国和葡萄牙也分别于1992 年和 2001 年通过宪法修正案，规定了本国的官方语言。不同国家的宪法对官方语言的称谓不尽相同：有的称其为"官方语言"，强调其实用意义；有的称其为"民族语言"，强调其作为民族国家的身份象征；有的直呼其为"语言"。意大利语的地位，始终没有在宪法中以官方语言的形式确立；但从实际效果而言，意大利语在主体民族中的普及任务已基本完成，90.4% 的意大利居民以意大利语为母语。在大多数欧洲国家，通用语普及的对象除本国主体民族外，主要有两类：其一是该国境内的区域或语言少数群体；其二则是在该国定居的外国移民。如今的意大利可谓移民国家，因此本书讨论的意大利境内少数群体的意大利语普及情况，既包括少数群体意大利语的推广，又包括移民的意大利语推广。

3.1.2　以教育改革为依托的国家通用语普及

在意大利统一初期，影响通用语普及的因素主要有两个：一是文盲率高，1861 年意大利平均文盲率为 80%，南方部分大区达到 90% 以上；二是方言问题，民众日常使用语言仍为方言，教学用语也以方言为主。在之后的一个世纪内，意大利政府出台了一系列法令，通过教育改革，分别在扫盲和处理通用语与方言关系两个方面取得了显著成效，也由此基本完成了意大利语在主体民族中的普及任务。

意大利现行教育体系和法规是通过一系列教育和培训改革以及与其相适应的法令法规逐步确定下来的。其中，第 53 号法令（《莫拉蒂改革法》）奠定了意大利现行教育体系的基本框架，第 107 号法令（《优质教育改革法》）及其扩展法令成为随后教育立法的重要依据。

2000 年欧洲理事会提出"里斯本战略"（Lisbon Strategy）之后，意大利于 2003 年通过了全国教育系统改革总体计划的第 53 号法令。法令重新划分了意大利教育与培训体系，重新规定了义务教育年限和升学考试政策，引入了 CLIL 教学法和"学校－工作互换"教学活动形式，确立了"个人的成长和发展"在学习过程中的中心地位，重视家庭在学生培养过程中的作用。

第 53 号法令将意大利教育与培训体系重新划分为：幼儿园；第一阶段教育，包括小学和初中；第二阶段教育，包括普通高中体系和职业教育与培训体系。规定所有公民有权利和义务接受至少 12 年的教育（普通教育体系）或至 18 岁达到就业资格（职业教育与培训体系）。在设立第一阶段教育的同时取缔了小学毕业考试，强化了初中毕业考试的政策性意义。

法令的另一层重要意义在于对职业教育的肯定和重视，第一次将职业教育和培训与普通教育摆在同等重要的位置。在此之前，意大利对职业教育体系的重视程度不高，职业教育体系与横向的普通高中体系和纵向的高等教育体系之间均缺乏有机衔接。改革后的职业教育体系在学制年限、考核方式、学历认证等各方面都有了较为合理的设置，与其他教育体系尤其是高等教育体系之间的流动性和衔接性增强。

法令较为重视外语教育与教学，英语科目自此列入了意大利小学一年级必修课程。在教学方法上，法令引入了欧盟于 20 世纪末提出的 CLIL 教学法，提倡以一门外语教授一门非语言学科，要求将学科内容学习和语言知识学习相结合。

2010 年，意大利教育、大学与研究部颁布第 249 号部长令，就初级教师培训做出了明确规定，强调意大利文学和语言学的学科划分，要求教师应具备这两个方面的语言能力。同年颁布的第 89 号总统令不再对教学的具体内容做出强制性规定，但明确规定意大利语能力是教学目标之一，并要求将其贯彻到教学的各个环节中。

2014 年 9 月 3 日，意大利总理府和教育、大学与研究部共同发布了题为"优质教育：助力国家发展"的十二点文件。该文件于 2015 年 7

月 13 日获得议会的最终批准，成为第 107 号法令，又称《优质教育改革法》。

第 107 号法令增加了对学校行政管理人员的相关规定，加大了学校的自主权力和教育投资力度，引入了教职人员评估系统，细化了学生评估规则和评估形式，重视师资培训和数字化管理，出台了《国家数字学校计划》并为学生建立了数字档案。

在一定程度上，第 107 号法令是对"莫拉蒂改革"的呼应和深化。法令肯定了"莫拉蒂改革"中对职业教育和培训的总体思路和规划，并对"莫拉蒂改革"中的学校 – 工作互换活动和 CLIL 教学法以及提高学校自主性等方面的内容进行了深化。

法令将对教学和教务人员开展的培训定义为义务的、终身的和战略性的教育政策，提出了"三年教学计划"（PTOF），以此加强对教师尤其是新入职教师的师资能力培养，并重新启动了相关竞争考核机制，增设专项管理人员岗位，以保证该计划的顺利实施。

在外语教育方面，法令依然提倡使用 CLIL 教学法，并提出了学校的优先教育目标为"开发和增强学生的语言能力，包括意大利语、英语和其他欧盟语言的能力"，并建议通过使用 CLIL 教学法来实现这一目标。

法令还十分重视评估体系的建立和推广。学校制度和国家教育体系评估办公室组织专家团队，为评估工作的开展制定了相关指南，并对相关教育政策的实施和效果进行监督和评价。法令还强调了学校在教育过程中的自主性，承认各大区在各教学阶段，尤其是职业教育和培训阶段的自主权限，认同学生在学习计划制定过程中的主体作用。第 107 号法令也成为此后历届政府在制定和调整教育法令法规方面的重要参考依据。

3.1.2.1 现今国家通用语教育普及和要求

2007 年，意大利教育、大学与研究部颁布第 139 号法令，提出了本国四条文化战略轴线的发展规划，并在其中之一的语言战略轴线中，对通用语、外语以及非常规语言表达形式提出了明确的发展要求:（1）加强对通用语（意大利语）的深层次掌握能力及输入输出能力；（2）熟练掌握至少一门外语；（3）加强对艺术、文学等表达形式素养的培养；（4）充分利用多媒体信息技术语言。

意大利最新学制仍由学前教育、基础教育和高等教育三部分构成。其中学前教育主要针对 3—36 月龄儿童的婴幼儿教育和为 3—6 岁儿童提供的幼儿园教育。基础教育包括第一阶段教育（共 8 年，6—11 岁的 5 年小学教育和 11—14 岁的 3 年初中教育）和第二阶段教育（分为两种，一种为 5 年中学教育，顺利从初中毕业的学生可以选择进入高中、技术学校或职业学校接受高层次中学教育；另一种则为 3—4 年的大区内职业学校教育，接收对象同样为初中毕业生）。高等教育主要由综合性大学教育（主要分为三年制的本科教育、两年制的硕士研究生教育和三年制的博士教育）和高等艺术教育（主要分为三年制的第一级课程、两年制的第二级课程和三年制的第三级课程）两个平行教育系统构成。以上所有教育阶段，除 3—36 月龄婴幼儿教育外，皆由教育部统一负责。

本节将从学前教育、基础教育和高等教育三个阶段，对意大利国家通用语教育的普及和要求进行详述。

1）学前教育阶段：幼儿园

1968 年，意大利正式设立了幼儿园，并规定其归国家管理，目前正在有效执行 2012 年出台的《全国幼儿园和第一阶段教育管理指示》。相关报告表明，尽管幼儿园教育并非义务教育，但意大利 3—6 岁的儿童 95% 以上都选择接受幼儿园教育（Barbuto & Mariani 2020）。

幼儿园教育被认为是教育历程中的第一阶段，有助于促进儿童情感、精神、运动、意识、道德、宗教和社会等多方面的教育及发展，激发儿童在处理关系、自主性、创造性和学习方面的潜力。幼儿园教育的特点主要可以归纳为：（1）寓教于乐，强调陪伴，重点培养儿童的身份认同、自主性、个人能力和公民意识；（2）强调教师在学前教育中扮演重要的引导角色；（3）与初等教育连贯性强，管理统一。

2012 年，时任教育、大学与研究部部长弗朗切斯科·普罗夫莫

（Francesco Profumo）签署了第254号法令，即《全国幼儿园和第一阶段教育管理指示》。该法令提出了一系列现实可行的教育指导意见，指出学校应创新教育手段，调整课程设置，将幼儿园的教学活动分为自我与他人、身体与运动、图像／声音与色彩、谈话与话语以及认识世界五个学习模块，并将培养儿童语言能力作为培养目标的重要方面。

2）基础教育阶段：第一阶段教育和第二阶段教育

"莫拉蒂改革"在设立第一阶段教育的同时，取缔了小学毕业考试，规定学生初中教育结束后须参加国家统一的毕业考试，考试通过后可获得接受第二阶段教育，即进入高中或职业学校学习的资格。第53号法令规定，所有青少年均有权利和义务接受至少12年教育，或者至少要在18岁以前获得三年制职业学校毕业资格证书。意大利还设有国立寄宿学校，提供小学、初中和高中教育，教学内容和宿舍建筑的设置均依照意大利教育体系的基本目标和要求开展，在保证机遇平等的基础上，促进学生在集体环境中的交流与合作。本章对寄宿学校的情况不做讨论。

第254号法令规定，自2013—2014学年开始，所有小学必须开设以下学科课程：意大利语、英语、历史、地理、数学、科学、音乐、艺术与图像、体育、技术。其中，对意大利语的能力培养要求主要包括听说读写四方面。在听说能力培养过程中，学校通过启发式教学创建语境，并通过词汇练习和对话练习，提升学生的沟通和命名能力。阅读能力的培养是意大利第一阶段教育中语言教学的核心部分。教师通过原文朗读、逻辑梳理、内容讲解等方式加强学生对文本的理解，并通过多种文体的材料阅读，培养学生的阅读兴趣。写作能力的培养也贯穿教学始终，写作类型包括应用类、记叙类、议论类等，教师还会有意识地通过诗歌、散文类作品的创作练习提升学生的意大利语表达能力。

小学阶段意大利语水平培养的具体目标为，能够用意大利语进行口头和书面形式的表达，能够对概念和思维进行良好解释，对事实和观念进行良好表述。

具体到课时分布，小学阶段每周课时量为30小时，意大利语课程在一年级每周 9 小时，二至五年级每周 8 小时，占总教学时长的近三分之一，由此也能看出意大利对初级阶段通用语教育的重视。在外语教育方面，英语课自 2003 年起成为小学必修课，周学时每个年级有所不同，一年级每周 1 小时（年学时 33 小时），二年级每周 2 小时（年学时 66 小时），三至五年级每周 3 小时（年学时 99 小时）。为保证教学质量，2009 年第 81 号总统令规定所有正规教师必须接受过语言教育。但由于语言教育进展缓慢，只有部分教师符合要求，教师培训的覆盖面和效果也与当地经济发展状况直接相关。因此，第 107 号法令规定，对于缺少英语教师的班级，学校领导可自主选择雇用具有相关教育经历的教师。

　　2009 年的第 89 号总统令第 5 条规定，意大利初中周学时应为 30 小时，即每年总学时共 990 小时。在名额和教学资源允许的情况下，也可组织设置加时班级，即将教学活动增至每周 36 小时，每周至少有两到三个下午在校，是否在校午餐无强制规定。如多数家庭提出申请，周学时可延长至 40 小时。2009 年的第 37 号部委令规定了每门或每组学科的教学时长，具体如表 3.1 所示。

表 3.1　普通初中学科课时分配[1]

学科	周学时	年学时
意大利语、历史、地理	9	297
文学研究	1	33
数学和科学	6	198
技术	2	66
英语	3	99
第二外语	2	66

（续下表）

1　数据来源：https://www.gazzettaufficiale.it/atto/serie_generale/caricaArticolo?art.versione=1&art.idGruppo=0&art.flagTipoArticolo=0&art.codiceRedazionale=009G0099&art.idArticolo=5&art.idSottoArticolo=1&art.idSottoArticolo1=10&art.dataPubblicazioneGazzetta=2009-07-15&art.progressivo=0（2021 年 8 月 10 日读取）。

（接上表）

学科	周学时	年学时
艺术与图像	2	66
运动和体育科学	2	66
音乐	2	66
天主教	1	33
总计	30	990

2012 年的第 254 号部委令规定了初中必须开设的学科课程，并规定自 2013—2014 学年开始执行。这些学科课程分别是：意大利语、英语和第二外语（第二欧盟语言）、历史、地理、数学、科学、音乐、艺术与图像、体育、技术。除上述课程以外，2008 年的第 169 号法令还在初中学科中增加了公民与宪法课程，归在历史 / 地理学科领域。自 2020—2021 学年起，该课程由公民教育课取代。

各学校根据第 254 号法令所规定的能力目标，制定具体的意大利语课程教学大纲。以罗马的综合学校为例，初中学段 1—3 年级意大利语课程分为听、说、读、写、语言反思五个维度，通过对意大利语语音、词汇、句法、语法的教学，强化学生对意大利语的综合掌握，并以写作和口语考试的方式对学习效果进行相应考核。

第一阶段教育全国结业统考分为笔试和口试两部分。笔试包括意大利语、数学逻辑能力、外语三门测验。意大利语考试主要通过记叙文撰写、论述文撰写、阅读理解等形式考查学生对母语的掌握能力、个人表达能力以及思想表述的连贯性和组织性。

第二阶段教育在高中、技术学校和职业学校等多种类型的学校中进行。高中学制为五年，分为两个两年学习阶段和第五年的结业阶段。意大利高中大致分为艺术高中、文科高中、语言高中、音乐舞蹈高中、理科高中和人文科学高中六类。

艺术高中主要教授美学领域课程和艺术实践，帮助学生学习专业的研究方法和艺术创作方法，熟练掌握相关领域技术。艺术高中自高三起分为六个学习方向，分别为视觉艺术方向、建筑与环境方向、设计方向、视听与多媒体方向、图像方向和舞美方向。每个方向均有各自的学习内容和培养目标，重点发展学生在本学习方向的设计能力。

文科高中课程主要有意大利语言和文化、拉丁语言和文化、希腊语言和文化、外国语言和文化、历史与地理、哲学、数学、物理、自然科学（包括地质学、生物、化学等）、艺术史、运动和体育科学等科目。

语言高中则主要侧重语言和文化的学习，引导学生深入学习语言知识，发展语言能力，掌握除母语意大利语以外的至少三门语言，客观、批判地认识和了解不同文明的历史与文化。

音乐舞蹈高中重点教授音乐和舞蹈技巧与实践课程，强调音乐和舞蹈在历史与文化中的角色，培养学生所应具备的文化、历史、美学等方面的理论知识与技巧。音乐舞蹈高中保证了第一阶段教育音乐方向学生学业的连贯性。

理科高中则更加注重学生对数学、物理和自然科学知识的掌握及学习，引导学生深入发展和提高科学技术知识及研究能力，分辨各学科之间的相互影响，帮助学生通过实验室实践掌握科学技术和相关研究方法。除数学、物理、自然科学等理科学科以外，理科高中同其他类高中一样，也设有意大利语言和文化、拉丁语言和文化、外国语言和文化、历史与地理、设计和艺术史、运动和体育等学科。

除普通理科高中以外，意大利还设有应用科学方向理科高中和体育方向理科高中。其中应用科学方向理科高中重点培养和强化学生在科学技术学科方面的能力，侧重数学、物理、化学、生物、地质学、信息科学等学科的培养和应用。而体育方向理科高中致力于为意大利教育体制引入文化改革，通过宣扬运动教育的价值，将文科教育和理科教育和谐地融合在一起，重视运动实践在教育过程中对于能力和人格培养的重要意义，突出强调运动在文化和教育中的独特性。体育方向理科高中在重视传授数学、物理、自然科学、经济、法律等学科知识及研究方法的同时，深入教授运动和体育科学，并增设一项或多项体育学科，培养学生将各学科知识与体育运动和体育文化融会贯通的能力，保证学生扎实掌握本方向专业知识及相关技巧。

人文科学高中教学侧重与个人身份构建以及人类社会关系有关的现象和理论，引导学生深入学习人文科学领域知识，完善和提高个人对知识的掌握理解以及研究方法。所设科目有意大利语言和文化、拉丁语言和文化、历史与地理、哲学、人文科学（包括人类学、教育学、心理学、社会学）、法律与经济、外国语言和文化、数学、物理、自然科学、艺术史、运动和体育科学等。各阶段必修学时安排与理科高中相同。根据 2010 年第 89 号总统令第 9 条规定，各大区可根据各自的教育规划，开设社会经济方向的人文科学高中，为学生提供法律、经济学和社会学领域的进阶知识。该类高中填补了意大利教育领域的一大空白，为学生提供了新的学业选择，满足了他们对于了解当今世界经济、社会和文化现象的兴趣与迫切需求。

部分学校还开设有强化实验班，自高中三年级开始引入生物医药方向的课程。这类课程总共持续三年，通过实验室实践培养学生能力，为有志于未来投入生物化学和医学领域的学生积累知识。

同样根据 2010 年第 89 号总统令的相关规定，以人文科学高中为例，意大利各类型高中的"意大利语言和文化"课程须贯彻高中五年教学始终，年学习时长总数为 132 小时，该时长不以各类高中年总学时的变化而增减（见表 3.2）。

表 3.2 意大利人文科学高中课时安排表 [1]

必修课和课外教学活动	一年级	二年级	三年级	四年级	五年级
	年课时数				
意大利语言和文化	132	132	132	132	132
拉丁语言和文化	99	99	66	66	66
历史与地理	99	99			
历史			66	66	66
哲学			99	99	99
人文科学	132	132	165	165	165
法律与经济	66	66			
外国语言和文化	99	99	99	99	99
数学	99	99	66	66	66
物理			66	66	66
自然科学	66	66	66	66	66
艺术史			66	66	66
运动和体育科学	66	66	66	66	66
天主教 / 其他活动	33	33	33	33	33
总计	891	891	990	990	990

　　意大利高中毕业考试为全国统一考试，包括两项笔试和一项口试。笔试一考查意大利语，考卷中的文章涵盖艺术、文学、哲学、科学、历史、社会、经济和技术等多个领域，侧重考查学生对意大利语的综合运用能力，尤其是语言理解能力、表达能力、逻辑论述能力以及批评思考能力。笔试二形式多样，具体根据学生学业方向而定，主要从教育、文化和职业

1　数据来源：https://archivio.pubblica.istruzione.it/riforma_superiori/nuovesuperiori/doc/04_Allegati_
　　BCDEFG_Quadri_orari_definitivo_refuso_design.pdf（2021 年 8 月 10 日读取）。

发展角度考查学生在相关专业领域的知识与能力。口试根据考试委员会在考前会议制定的评估准则评定。考试分数以百分制记，包括笔试和口试成绩，另有平日在校表现分数作为附加分（最高为 40 分）。

3）高等教育阶段

意大利高等教育主要由综合性大学教育和高等艺术教育（Alta Formazione Artistica, Musicale e Coreutica）两个平行教育系统构成。目前有公立综合性大学 67 所，与大学同级或更高一级的高等教育机构（包括研究生院、博士生院等）30 个，另外还有私立综合性大学 19 所（其中 3 所享受国家全额拨款）。2019—2020 学年，综合性大学在校生共 173 万人，当年毕业生（本科生和硕士）总数为 33.9 万人。

除了教育部以及独立的大学以外，意大利大学系统还包括一些在开发、比较、评估以及组织大学系统方面具有重要补充职能的机构。其中最重要的是国家大学系统和研究评估机构（ANVUR）、国家大学理事会（CUN）、意大利大学校长会议（CRUI）、国家大学生理事会（CNSU），以及大学行政总干事会议（CODAU）。

意大利高等教育阶段较少涉及通用语的普及。当前意大利高等教育的重要发展目标和挑战，主要是将高等教育的国际化作为外交及海外政策的有效手段。该问题将在第四章 4.3 节"意大利国家通用语的国际拓展"部分详述。

4）继续教育阶段

扫除文盲、增强公民识字能力是普及通用语的基本途径。除小学至高中教育体系外，意大利教育改革和课程指南延伸到了成人教育领域。经济合作与发展组织（OECD）于 2011—2012 年对包括意大利在内的多个国家开展了第一阶段国际成年人能力调查，调查显示意大利成年人的识字能力和算术能力在受调国家中位列倒数。为增强包括识字能力在内的公民学习能力，意大利于 2012 年颁布了第 92 号法令。在此法令的推动下，省立成人教育中心在意大利 8 个大区试验运行；同年颁布的第 263 号总统法令宣布意大利省立成人教育中心正式成立，该中心取代了原先于 1997 年成立的意大利继续教育中心，成为该领域改革的核心。

第 92 号法令规定，16 岁以上的意大利人可在省立成人教育中心学习识字课，获得初中等级文凭；教师为意大利教育部选派，专门从事成年人教育。除向意大利人普及通用语外，省立成人教育中心还提供面向外国人的意大利语课程。

3.1.3　大众媒体与意大利语普及

3.1.3.1　广播电视传媒语言

随着意大利大众媒体的发展，以广播电视为代表的媒体形式广泛接触并深入渗透到社会各阶层，为树立规范的语言模板、普及通用语起到了不可替代的作用。广播电视作为学校教育的补充，引导大众在日常生活中有意识地纠正语音、语法、词汇等方面的错误，推动了新标准意大利语的形成；同时提升了公众对国家通用语重要性的认识，大众在提高语言能力的同时，也意识到使用通用语是融入当代社会、理解本国文化的重要因素，在推动意大利社会文化建设上也具有战略意义。

在广播作为一种新兴媒介产生之前，传统媒体行业主要通过报刊普及书面语，但由于口语和书面语之间存在较大差异，加之方言的广泛存在，标准统一的口语的推行困难重重。广播电视在意大利的普及，丰富了语言普及的途径，标志着意大利通用语普及进入一个新的阶段。

意大利广播电视事业发达，其历史可追溯到法西斯时代，目的是推动统一国家现代化、监管文化信息。广播电台及其放送的内容由法西斯政府掌控，是实施语言政策、普及通用语的重要渠道。1924 年意大利广播联盟（URI）首次开始放送广播节目，之后改名为意大利广播收听局（EIAR）。20 世纪 30 年代中期以前广播主要在公共场合播放，之后家庭收音机配有量增加，由 1927 年的 4,000 台增至 1939 年的 100 万台，收听广播成为意大利家庭生活的重要部分。

法西斯政府对广播用语确立了明确的语言规范，并提出了词汇和语音两项衡量标准。1938—1939 年意大利广播收听局和国家教育部、意大利语学会合作开设课程“意大利的语言”（La lingua d'Italia），主要目的为通过广播实行语言教育，规范语音。后由此节目衍生出版的《发音和拼写手册》(*Prontuario di pronunzia e di ortografia*)，以罗马和佛罗伦萨地区发音为准确立了国家标准发音模板。对于新出现的行业术语，尤其是来自英语的词汇，法西斯政府采取了逐步禁用的措施：1940—1941年禁止在公共场合使用外来词；1941—1943年意大利语学会列出了外来词汇术语转化表。

二战后，意大利广播收听局更名为意大利广播电视公司（RAI），RAI自成立之初就关心国家语言统一，致力于推行标准意大利语。广播电视的普及引发了语言标准的改变，为贴近大众，RAI使用的语言去除了过多的修饰和复杂的结构，以达到更广泛的传播效果。

在电视出现与普及的早期阶段，电视行业呈现出单一主体的RAI主导态势。RAI作为意大利国家级电视媒体，从1954年开始承担国民教育功能，推动了意大利社会文化传播和语言统一。1960年，在意大利教育部的支持下，RAI策划了首个意大利语教学节目"永远都不会太迟"(Non è mai troppo tardi)，受众群体为成人文盲，目的是教授超过学龄却未获得相应文化水平的意大利人读写。该节目取得了巨大成功，播放期间日均观众超过400万；节目帮助超过100万意大利人获得小学文凭，为扫盲运动做出了卓越贡献。这一时期广播电视使用的语言以交际口语为主，虽然仍保留部分书面语的句式结构和语法，但尽力简化词汇，而在此之前广播电视使用的语言都基本是对书面语的朗读或复述。为了改善播音员的发音，1969年布鲁诺·米格里尼（Bruno Migliorini）、卡洛·塔利亚维尼（Carlo Tagliavini）和皮耶罗·菲奥雷利（Piero Fiorelli）通过Rai Eri出版社出版了《意大利语拼写与发音词典》(*Dizionario d'ortografia e di pronunzia*)。时至今日，这部词典依然是意大利影视戏剧演员、播音员和歌剧演员正音课的标准参考资料。

1976年RAI垄断电视领域的时代结束，私营广播电视公司出现，这一阶段大众媒体的语言风格和标准发生了明显的改变。在普及通用语方面，广播电视公司转向侧重宣传语言文化，1978年开始向大众播放有关意大利语历史与语言学知识的科普节目，以增强意大利民众的语言自豪感。由于电视的商业化和娱乐化倾向，广告、脱口秀、体育栏目等新的节目形式逐渐出现，成为流行语、外来语等新兴词汇的主要传播载体。

由此，不同类型的电视口语开始分化。针对细分后的受众群体，意大利广播电视用语风格可分为四类：（1）简明正式语，多见于政治、文化、科学等领域知识的普及与推广；（2）流畅的口头语，多见于演出类型的娱乐节目；（3）松散随意的口语，多见于真人秀或脱口秀；（4）模仿式的语言，多见于有还原地方口音需要的虚构作品，如影视、小说朗读等。

2008 年，由意大利教育、大学与研究部资助，多所大学以及秕糠协会联合参与发起了一项调查活动，就意大利电视用语进行了研究。研究结果表明，意大利电视用语呈现出简化趋势，用词单调和匮乏的现象也时有发生，仅部分节目能够保持较高的用语水平、语法标准与词汇丰富度。

2015 年，意大利广播电视业总收入为 967.2 万欧元。全国共有 1,000 余家广播公司，约有 3,500 万人收听广播，就人口数量而言，意大利广播电台持有量居欧洲首位。2017 年，意大利约有 360 个全国性电视频道；3 个主要平台播送综合广播电视节目，分别为 RAI、意大利天空卫视与 Mediaset。

当今意大利广播所使用的语言，被定义为新标准意大利语。新标准意大利语的特点主要有如下三点：（1）由于缺乏统一的发音范式，各大区的语音特点影响了主持人的发音；（2）句法简化，常用现在时表示将来时；（3）句中表示强调的成分频繁出现，通过倒装和强调主题的词组、副词、标志性词汇来控制句子节奏。

2018 年，意大利经济发展部与 RAI 签署了《国家服务协议》（有效期为 2018—2022 年），就 RAI 在广播电视与多媒体领域的公共服务原则、内容、传播途径、受众等内容做出规范，明确其作为国家级传媒机构在文化传播、引导正确价值观、未成年人的语言教育、实现传媒行业发展方面的重要作用。

3.1.3.2 互联网语言

互联网是意大利语言生活不可或缺的一部分。据数据统计，2020 年意大利近 5,000 万人每日使用互联网，超过意大利人口总数的 80%；3,500 万人活跃在社交媒体上，智能手机数为 8,000 万台，超过意大利总人口数。与此同时，使用互联网的人数、媒体平台和新技术还在不断增长。在使用时间上，意大利人每日投入在社交媒体和电视上的时间约为 6 小时。在社交媒体偏好上，YouTube（油管）是意大利人使用最多的媒体平台，Facebook（脸书）、WhatsApp、Instagram 分列第二、三、四名，此外，抖音海外版 TikTok 在一年时间内青少年的使用比例上涨到 11%。

总体来说，意大利互联网使用人数多、覆盖面广，社交媒体种类多，使用者呈现出较明显的分层趋势，使用人数和平台仍在增加。在媒体领域，互联网的发展可以看作是继报纸、电视传媒后的第三次革命。互联网使用者不再被动地接受语言现象，而是有意识地成为文本的创造者，改变其写作方式、传播途径和成果。

3.2　意大利国家通用语规范使用

3.2.1　意大利语语法教学的发展

意大利语作为典型的屈折语，语言规范极其复杂，涉及正字、正音、词法、句法、标点等层面。意大利语教育界通常将上述层面均纳入语法教学的范畴，但意大利语的语法理论与其实际应用之间存在较大差距。前者呈现出极大的随意性和可变性，没有形成像英语语法一样权威的语法规则；而社会的巨大动荡和复杂变迁以及意大利人特有的强烈的乡土观念，使得意大利语语言规范的落实变成了一个掺杂过多社会烙印的不纯粹的语言问题。

早期出版的大部分意大利语语法书都是基于文学语言而写，16 世纪的意大利语语法传统，几乎完全侧重于将意大利语作为一种文学鉴赏和学习的工具而不是交流工具来分析。大多数语法书作者都专注于研究文学语言中的问题，以及俗语在文学作品中出现的时间和地域。1516 年，人文主义者、律师乔瓦尼·弗朗切斯科·福图尼奥（Giovanni Francesco Fortunio）撰写了意大利公开发行的第一本俗语语法书——《俗语语法规则》（*Regole grammaticali della volgar lingua*）[1]。此后本博继承该书，并据此于 1525 年出版了 16 世纪最著名的俗语语法著作《论俗语》（*Prose della vulgar lingua*）。利奥纳尔多·萨尔维亚蒂（Lionardo Salviati）于 1564 年出版了《佛罗伦萨语赞词》（*Orazione in lode della fiorentina lingua*），他认为本博的理论过于严苛，主张扩大效仿范围至 14 世纪所有的佛罗伦萨作家（不论是否经典）。在萨尔维亚蒂的推动下，1582 年佛罗伦萨成立了秕糠学会，学会的成立极大地巩固了佛罗伦萨在意大利的文化霸主地位。托斯卡纳其他地区和城邦在 16 世纪上半叶处于相对落后的地位，本土情结（即只重视和推崇自己所在地区的文化和风俗）也影响着语言规范问题的演化进程。鉴于此，科西莫·德·美第奇（Cosimo de' Medici）大公于 1572 年委托佛罗伦萨学者，试图创建出"尽可能简洁和便于使用"的托斯卡纳语法，但最终并未形成通用和"官方"的语法规则。16 世纪的意大利语语法奉本博为主流，以吉安·乔治·特里西诺（Gian Giorgio Trissino）为代表的非本博和反本博的语法书处于少数和从属地位。1529 年，特里西诺在所著对话体语法书《城堡对话与语法问题释疑》（*Il Castellano, la Grammatichetta e i Dubbi grammaticali*）中对共同俗语和意大利语进行了理论分析，该著作在历史语言学领域产生了较大影响。

随着《普遍唯理语法》（*Grammaire générale et raisonnée di Port-Royal*）[2] 在欧洲的出版（1660 年），理性主义以及新的教学和语言原则于 17 世纪开始萌发，并在欧洲特别是法国广泛传播，但唯独在意大利发展缓慢。18 世纪初期，该理论逐渐被用于意大利的拉丁语法教学之中，在此期间值

1　现代版由理查森（Richardson）编辑，Fortunio 出版社 2001 年出版；照片复制版由马拉志尼和 S. 福尔纳拉（S. Fornara）编辑，Fortunio 出版社 1999 年出版。

2　作者是亚里士多德主义的重要代表克利德·兰斯洛特（Claude Lancelot）和理性主义哲学家安托万·阿尔瑙德（Antoine Arnauld）。借助理性主义，二人试图给出适用于所有语言的原理和方法，服从对语言与理性联系的分析。

得一提的意大利相关著作，只有伊尔德方索·瓦尔达斯特里（Ildefonso Valdastri）于 1783 年撰写的《逻辑和意大利语的理论课程》（*Corso teoretico di logica e lingua italiana*）和索阿韦的《意大利语推理语法》。

19 世纪，推理语法的代表是马里亚诺·吉格里（Mariano Gigli）。吉格里极具创新精神，以反规范主义和批判传统经验语法闻名，其代表作《基于前者语言分析的普遍哲学语言》（*Lingua filosofico - universelle pei dotti preceduta dalla analisi del linguaggio*）是有关语言研究方法的创新之作。

19 世纪，曼佐尼通过研究作者和各种著作，致力于统一意大利语。曼佐尼认为，统一的意大利的官方语言应是他所生活时代活的佛罗伦萨语。他在《论意大利语》（*Della lingua italiana*）中进行了细致的语法观察，但并未亲自制定官方语法规则。19 世纪最完整的意大利语语法著作是著名语法学家拉斐尔·福尔纳恰里（Raffaello Fornaciari）于 1879 年撰写的《意大利语语法的现代用法》（*Grammatica italiana dell'uso moderno*）。他与达尔马提亚修道院院长乔瓦尼·莫伊斯（Giovanni Moise）共同撰写的语法著作，后被作为第一部分收录于 1881 年出版的意大利语语法巨著《意大利语句法的现代用法》（*Sintassi italiana dell'uso moderno*）之中。福尔纳恰里的两部作品均注重现代用法和活用，提出了新的语法规则概念。西罗·特拉巴尔扎（Ciro Trabalza）1908 年撰写的《意大利语语法史》（*Storia della grammatica italiana*）为 19 世纪诞生的历史语法（历时语法）的发展提供了空间，该语法从历史发展的角度考察意大利语从拉丁语演变而来的整个历程和"规则"，探讨语言的起源和词源的发展。彼时，学界还在围绕规范国家语言和方言展开热烈的讨论。时任教育大臣弗朗切斯科·德·桑克蒂斯（Francesco de Sanctis）肯定了方言的价值，认为方言是学习语言的基础，他推动了方言词典的编写；1888 年由意大利著名教育家阿里斯蒂德·加贝利（Aristide Gabelli）倡导的学校改革计划提议减少语言教学中语法规则的比例。

20 世纪初，语法规则的概念在贝内德托·克罗齐（Benedetto Croce）权威思想的阻碍下发展缓慢。克罗齐认为语言是个人的创造，所谓的语法规则没有科学依据。他将语法降级为伪概念，他的思想影响了当时众多身居要职的学者，其中包括时任教育大臣秦梯利。但克罗齐派并不否认语法书在小学阶段的实用性和工具性价值。在克罗齐之前，阿斯科利甚至更加极端，他曾在 1874 年的第九届意大利教育学大会上以"是否必须使用语法向小学生教授本民族语言"为议题发表评论文章，并借用当时欧洲著名语法学家雅各布·格里姆（Jacob Grimm）的论点反对母语语法教学，主张通过与方言的比较将语法融入意大利语教学当中。20 世纪下半叶，人们在语法教学中找到了一种顺应时代潮流且更加适合学习者的学习形式，即把从未"死去"的古老学究式的语法研究与当下的生成语法理论相结合。自此，意大利当代语法拥有了社会语言学的特征。

3.2.2　意大利语规范性词典的发展

10 世纪初，意大利出现了一部记录拉丁语俗语（意大利语雏形）的《蒙扎词集》（*Glossario di Monza*）[1]。1041 年，伦巴第语法学家、词典学家帕皮亚（Papias）编纂了一部按照拉丁语字母顺序排列的词汇表，其中包括拉丁语词条，以及对词条的释义和词源信息。

欧洲中世纪研究的古语言按重要性排序依次是拉丁语、希腊语、希伯来语，最初记录欧洲各国语言的词典通常也都是拉丁语和欧洲各国语言的双语词典。意大利语的标准化进程是在没有完成政治统一的前提下发生的，随着标准化地方语言地位日益上升，许多 16 世纪的语文学家意识到，民族语言应当被当作某一政治或文化共同体的共同遗产，有必要对其进行历史及历时的研究，而词典也成为解读遗产的钥匙和工具（杨慧玲 2017）。

欧洲文艺复兴时期的词典学传统可以追溯至 1508 年德西德里乌斯·伊拉斯谟（Desiderius Erasmus）出版的古希腊古拉丁格言词典《谚

1　词集：带有解释的词表。

语集》（*Adagia*），所收录的词条是单词、格言及短语的混合体。该词典突破了以往词典偏重的难词收录传统，将其从单纯的语言层面扩展到文化层面，而这样的语文学词典传统自 16 世纪上半叶才开始出现。人文学词典的出现较早于语文学词典，其代表作为乔瓦尼·克拉斯托尼（Giovanni Crastone）1476 年编写的《希腊语拉丁语词典》（*Lexicon graeco-latinum*）。该词典收词量较大，总计约 1.8 万余词条，在出版后的半个世纪里成为学者和学生必备的工具书。人文学词典虽然同样侧重发掘古典词典学传统，但其立意重在服务于学习拉丁语和希腊语并用这两种语言写作的读者（杨慧玲 2017）。

随着 16、17 世纪欧洲民族国家的兴起，新独立的欧洲各国为了确立自己的民族语言，通过国家行为创立国家学院（national academy），统一或规范民族语言。从传统观念来看，成立一个专门的学院是照看好本国语言，防止其衰败的最好办法（沈家煊 2005）。秕糠学会致力于语言研究，并极力捍卫佛罗伦萨语在一切意大利方言中的优越性。[1] 1612 年，在萨尔维亚蒂的推动下，首部《秕糠学会词典》（*Vocabolario degli accademici della Crusca*）出版，这是本博理论提出后经过近百年激烈讨论的成果，也是真正意义上的第一部意大利语词典，它的问世使“托斯卡纳文学语言的拼写、语法和词汇稳定下来”（Campbell 2003：642-643）。此后秕糠学会陆续对词典进行修订，在 1623、1691、1738 年推出第二、三、四版，对推动意大利语的标准化起到了不可估量的作用。《秕糠学会词典》巩固了佛罗伦萨在意大利的文化霸主地位，总体风格古典，词条来源包括 14 世纪佛罗伦萨的文学经典，以及 16 世纪“豪华者”洛伦佐·德·美第奇（Lorenzo de' Medici）、尼科洛·马基雅维利（Niccolò Machiavelli）及萨尔维亚蒂本人在内的作家作品，此外还收录了本博和卢多维科·阿里奥斯托（Ludovico Ariosto）等非佛罗伦萨籍作家的作品。从 17 世纪开始，语

---

[1]　一直以来意大利的语言纯粹主义者反对语言的任何创新，同时也反对佛罗伦萨语和其他语言的融合，秕糠学会的成员以语言上的保守主义而闻名，赞同以 14 世纪而不是当代佛罗伦萨作家的语言作为标准的文学语言。

言学的发展和秕糠学会的模式渐行渐远。虽然词典的相关工作仍在继续，但时至 20 世纪初，意大利政府的法律已严格限制了它的出版范围。1923年，秦梯利签署相关法令，干预该词典的编纂和修订。以《秕糠学会词典》为代表的传统词典由此发生了根本性的转变；语言不再是对孤立的传统文字的刻板记录，而是随着时代发展不断融合变化的灵活生动的表达。

1861 年意大利统一后，人们的目光已经不再仅仅停留在文学作品中；社会的发展要求用一种新的目光关注日常生活用语和科技术语，民众迫切需要一部具有权威性的意大利语词典。在尼科洛·托马泽奥（Niccolò Tommaseo）和贝尔纳尔多·贝里尼（Bernardo Bellini）的不懈努力下，经过近 20 年的精心研编，1879 年《意大利语词典》（*Dizionario della lingua italiana*）最终付梓出版，而这部词典也被誉为 19 世纪最重要的词典学著作之一。这部词典不再按照早期的适合诗歌或散文用法的形式来对词语进行区分，而是收录了大量的日常用语和口语，并将各种用语和术语进行分类，传统与创新在该词典中找到了一个契合点。

1983 年，"意大利语词语工程"（Opera del vocabolario italiano）产出了一部根据历史原则编写的著名大词典——《意大利语起源宝库》（*Tesoro della Lingua Italiana delle Origini*），该词典的收词时间截至 1375 年（薄伽丘逝世）。1992 年，语言学家皮耶特罗·贝尔特拉米（Pietro Beltrami）担任主编，对该词典进行修订编纂，使之成为一部语史学词典。它所收录的文本广泛详尽，既不局限于文学作品也不局限于以往的托斯卡纳地区文本：从但丁的《神曲》、彼特拉克的《歌集》到科学类、技术类文章，从通俗文本到布道文皆有囊括，且除了传统的佛罗伦萨地区外，其他地区的俗语文本也有收录。与《秕糠学会词典》相比，该词典最大的创新在于以多语言主义为原则进行词条收录工作，以此将古意大利所有种类的语言都收录其中。

另一部涉及古意大利语的重要词典是乔治·科鲁西（Giorgio Colussi）1983 年主编出版的《古意大利俗语大词集》（*Glossario degli antichi volgari italiani*）。这部词典共 32 卷，被从事该领域研究的学者奉为案头必备工具书。该词典以但丁逝世年份（1321 年）为时间起点，收录了整个 14、15世纪以及部分 16 世纪丰富翔实的拉丁语、俗语文本内容。该词典的词条内容主要来自古代俗语书面文本的印刷品，但遗憾的是，很多极具文学价值的证据性文本（如地契、证明等）并不在收词范围内，取而代之的是一些评论文章、词源学信息、文献目录学的注释等。

2002 年，完整版的《意大利语大词典》（*Grande Dizionario della Lingua Italiana*）问世。这部大词典是由意大利文献学家、语史学家萨瓦托雷·巴塔利亚（Salvatore Battaglia）于 1960 年提出设想并亲自指导编纂，由乔治·斯瓜洛蒂（Giorgio Squarotti）最终完成的一部大型词典。该词典编纂的初衷是重新修订托马泽奥和贝里尼的《意大利语词典》，且最初预设只分 4 卷，但随着修订时间的推移，最终出版的大词典共计 21 卷。最初的几卷，或许是为了与之前缺乏现代文学文本词条收录的版本形成对比，巴塔利亚将词典的内容集中于对 20 世纪文学作品文本的细致研究和引用，意欲通过极其丰富的文学例句来解释词条。但是在词典编纂的过程中，编纂者的初衷发生了变化，因为他们发现，很多词条仅靠文学作品无法获得明确的释义。他们所搜集的文献资料中，有很多词汇并非来源于文学作品，而多是源自其他形式的意大利书面语，如报纸杂志，科技手册，法律条文，文学、语言学、哲学、建筑学评论文章等。因此，随着编纂工作的推进，词典编纂的目标从最初的专注于文学语言演变为注重各类书面语言，并在不断的修订过程中补充了各类新词和新义。但意大利人对文学作品的执着和喜爱并没有因此而止步，2007 年，同一家出版社又出版了一部专门研究意大利文学作品的词典《二十世纪意大利文学语言第一宝库》（*Primo tesoro della lingua lettararia italiana del Novecento*）。该词典由德·毛罗牵头负责，收集了意大利 1947 年至 2006 年 60 年间的 100 部文学作品，精心汇编而成。这 100 部作品中，60 部获得过意大利最高文学奖"斯特雷加奖"（Premio Strega），其余 40 部则是入围过该奖项的文学作品。该词典还使用科技手段，将所收录的 94,254 个词条按照字母顺序排序，并后附原文。

与文学作品词典和书面语词典相对应的是口语词典。在托马泽奥和贝里尼编纂《意大利语词典》期间，意大利词典学界出现了一批专注于研究意大利口语的学者。与托马泽奥同时代的乔瓦尼·巴蒂斯塔·乔尔基尼（Giovanni Battista Giorgini）和布罗利奥编纂的《新意大利语词典》（*Novo vocabolario della lingua italiana*）的出版，是对口语词典的一次全新尝试。两位学者认为，书面语是凝固的，但是口语是不断向前发展的，从而提出，"意大利需要一部处处皆可用的实用大词典，这部词典既不应该是文学语言的，也不应该是书面语言的"（Lubello 2008：53）。两位学者摒弃了以往备受推崇的文学实用例句，开始运用丰富的口语实用例子，以及大量的习语、成语、谚语来构成一套新型的常用语词典。

　　在词源词典学方面，意大利第一批真正意义上的词源词典出版于二战后（1950年左右），其中比较有代表性的有三部：（1）《意大利词源词典》（*Dizionario etimologico italiano*），出版于1950—1957年间，主编为语言学家卡洛·巴蒂斯蒂（Carlo Battisti）和乔瓦尼·阿莱西奥（Giovanni Alessio）；（2）《意大利语词源词典》（*Dizionario etimologico della lingua italiana*），共5卷，由曼里欧·科尔泰拉佐（Manlio Cortelazzo）和保罗·佐利（Paolo Zolli）主编，1979—1988年间出版，是该研究领域最常用和无可超越的词源词典；（3）《意大利词源词典》（*Lessico etimologico italiano*），出版于1979年，是一部具有里程碑意义的词典，它尽可能完整地保留了意大利语文书和方言中的词汇，其中对古方言和现代方言的细致记录也成为该词典的一大亮点——每一个词条分成三部分解释，并用罗马数字标出，同时标注词源（沿袭的词语）及借用（假借）的外来词汇等。

　　但现如今意大利语的使用和表达方式却主要来源于20世纪两部（相对共时性的）词典：一部是阿尔多·都洛（Aldo Duro）主持编纂的《意大利语词典》（*Vocabolario della lingua italiana*），另一部是德·毛罗主持编纂的《意大利语实用大词典》（*Grande dizionario italiano dell'uso*）。这两部词典虽然编纂结构不同，但对信息的查阅和阐释都很独立完整。都洛

《意大利语词典》继承了《意大利百科大词典》(*Dizionario enciclopedico italiano*)[1]的优良传统，在前者中，编者们保留了原词典的优势，最详尽、最广泛地解释了词条定义，如同一部建立在语言文字基础上的百科全书；都洛《意大利语词典》第二版的 5 卷共收录 125,000 个主条目（160,000个次条目），除涉及传统内容外，在术语、文学语言中还包含很多现代内容，以及语言的新用法等。《意大利语实用大词典》收词量更大，约250,000 个主条目。与都洛《意大利语词典》不同的是，《意大利语实用大词典》对词语的定义和解释更趋于简单化和本质化，不像百科全书式的穷举法，而是从日常使用中举例，并注意对复合词的整理标注。该词典还有一套独有的词语标记系统，对高频词、常用词、高需词有单独说明和识别（通常是通过特殊编码），对其他词则以专业技术用途、文学用法、地区（方言）用法、外来词、罕用、过时用法等进行标记。《意大利语实用大词典》还有一篇很长的前言，在其中明确说明了该词典编纂的标准和意图，在语义学方面对意大利词典学起到了引导作用。

除都洛《意大利语词典》和《意大利语实用大词典》外，还有几部重要词典在 20 世纪末相继出版。一部是《特雷卡尼词典》(*Treccani*)，主要注重词语间的细微差别和当代意大利语的活用情况。另一部是《津加雷利词典》(*Zingarelli*)，共收录 144,000 个主条目，并设有 964 个分析词语细微差别的词卡，这些词卡为查阅者辨识词语搭配以及正确使用词语提供了专业的指导；该词典还收录了从阿西西的圣方济各到达里奥·福（Dario Fo）[2]时代 123 位著名作者的 11,600 多条文学语录，并将词语结构和语言的句法变化紧密联系。《德沃托 – 奥利词典》(*Devoto-Oli*)较有特色，编者将 10,000 个词语作为词典的基础条目，用直观的明黄色标注，

1　《意大利百科大词典》是意大利百科学会 1955—1961 年间主持编纂的一部融词语和百科知识于一体的大型词典。

2　达里奥·福（1926—2016），意大利著名剧作家、戏剧导演，1977 年获诺贝尔文学奖。代表作品有《滑稽神秘剧》(*Misterobuffo*)、《一个无政府主义者的意外死亡》(*Morte accidentale di un anarchico*)、《不付钱！不付钱！》(*Non ti pago, non ti pago*)等。

通过动词（语法）的搭配及句法联系，使读者快速掌握地道的意大利语。《加尔赞蒂词典》（*Garzanti*）则大胆放弃了以往的抽象语言，选用一种简单和现代的方式重点阐释读者在实践中遇到的问题（句法、语法、语音等），用相对单一和简单的词语，通过对"通俗用法"的强调和补充，以及对"语法词"的标注，解释在语法和句法理论上重要的词条，从而解答读者在语言学习中遇到的问题。

在综合性大词典不断出版和修订的同时，近年来，对同义词、近义词词典的编纂以及新词词典的出版成为一种新的趋势。托马泽奥是最早关注同义词词典的语言学家，1830 年他首先提出意大利民众极其需要一部同义词词典，并于当年主持编纂了著名的《新编意大利语同义词词典》（*Nuovo dizionario dei sinonimi della lingua italiana*）。该词典逐一收集那些被当时的传统词典学标准排除在外的词语（主要是口语），并把它们与传统词典学推崇的文学词语相结合，进行整理比较并出版。在此之后的几位词典学家，并没有对传统词典学的理论和实践提出颠覆性的创新理论，但他们对词条释义的有力补充，尤其是对现代语言学理论在词典学中的应用起到了重要作用。

新词词典的数量明显增加，各出版社对该类词典的出版较为关注，短短 15 年间，出版了将近 20 部新词词典。其中，较为特别的是《意大利语实用大词典》第七卷——《意大利语实用新词词典》（*Nuove parole italiane dell'uso*）以及 2004 版《意大利语大词典》的副卷。前者注重实用性，尽可能全面地收录任何形式的词语；后者基于历史视角，多方评估谨慎选择，尽量选择收录生命力持久的新词。

值得注意的是，为了适应数字全球化的要求，各大专业出版社也纷纷转换思路，将纸质版词典电子化，以应对网络和人工智能时代的发展和挑战。最新版的《津加雷利词典》将 900 多个细微差别的词卡，以及托马泽奥和贝里尼《意大利语词典》中涉及文学的整 8 卷完整文本，全部刻录于光盘中供读者查阅。这些电子化的内容，因为不受篇幅的影响，所以使词典所含信息更加丰富多元。[1]词典不仅是语言学习的工具，更是对语言文化的全面覆盖。

3.2.3　意大利国家公文用语标准改革

国家行政公文使用能力直接影响国家通过立法、司法和执法等行为与公众互动的能力。国家机构的公文是一国通用语使用的重要部分，是民众在政治生活中能够广泛接触到的语体，其语言风格是否能够和如何能够被公众理解、接受，是语言政策制定者需要思考的一个重要问题。意大利语具有语法规则复杂、同义词广泛的特点，意大利语公文规范简化的过程从一定程度上反映了意大利国家语言政策的倾向，具有研究价值，对该问题的讨论有利于加深对意大利通用语使用规范过程的认识。

20 世纪，传统文学性语言的导向型作用逐渐减弱，公文语言成为一个重要的语言参考来源。随着意大利工业化与现代化进程的发展，国家着力清扫文盲现象，语言之争再度出现。首先开启争论的是帕索里尼，他在 1964 年发表的《新语言问题》（"Nuove questioni linguistiche"）中提出了一种新的意大利语概念，即"技术意大利语"，他认为这种意大利语更具有交流力，它更靠近现代科学而不是固守拉丁语传统。随后，1965 年，伊塔洛·卡尔维诺（Italo Calvino）在《一日》（*Il giorno*）日报上通过一个诙谐的短文小品，提出了"反语言"概念。反语言暗指公文语言，意在表明公文语言中大部分已经过时、过分抽象而繁杂的语言给使用者造成了困难。他认为，意大利语完全可以成为一种更为现代的语言。

从 20 世纪 80 年代开始，人们开始重新审视意大利语的公文语言。为了增强公文的可读性，政府出台了一系列重要法规，对优化、简化公文书写提出了相关要求，从根本上改变了传统的公文写作模式，强调公文应为大众理解和接受，提高政府的服务水平。在简化公共行政上，弗朗科·巴萨尼尼（Franco Bassanini）的改革也做出了重要贡献。他强调须以清晰表

1　包括注音、词源学信息、词条信息、使用频率、成语、术语、同义词与反义词、语法信息等。

意为导向制定语言政策，也推出公共行政部门交流活动的法律，具有深刻的创新意义。

改革初期，意大利公共职能部扮演了最主要的角色。该部于 1990 年推动了《意大利信息权利》(*Il Diritto all'informazione in Italia*) 一书的编写，书中用两章阐述了公文的可读性和可理解性原则。随后，公共职能部于 1993 年在部长萨比诺·卡塞塞 (Sabino Cassese) 的要求下，颁布了《行政公文写作准则》。1997 年，在该部门的支持下，阿尔弗雷多·菲奥里多 (Alfredo Fioritto) 编写了《行政公文写作手册》(*Manuale di stile dei documenti amministrativi*)。上述准则都为公文写作提供了实际的指导，在诸多语言细节方面做出了相关规定。在词汇方面，要求用更加日常的词取代陈旧的词，摒弃拟古主义、滥用术语和过分委婉的现象；在句法方面，提倡使用短句，简化语言，提高行政法规的表达效率。2000 年，意大利颁布了第 150 号法令《公文语言改革法》及《公共行政人员行为准则》。《公文语言改革法》第 2 条第 4 款明确规定，在起草书面文案与其他公文时，公务人员应使用清楚易懂的语言；但可惜的是，《公共行政人员行为准则》中却没有对该法令条款的呼应性规定。在此之后，又有一系列指导手册和官方通报就行政用语做出相关规定，要求公文在词汇和句法上具有可读性，便于理解，逻辑连贯，避免模糊指称。意大利总统府和公共职能部也先后于 2001 年和 2005 年颁布了相关法规。

今天的意大利国家行政用语规范和简化的进程还在继续，且受到社会上诸多非政府力量的推动。2020 年 2 月 17 日，秕糠学会时任主席马拉志尼和意大利公共管理部部长法比亚纳·达多尼 (Fabiana Dadone) 签订了合作协议，以促进政府机关能够以正确、清晰的方式进行深度交流。协议旨在打造一种简单、透明的政府交流模式，使得公文能够更容易为大众所接受，同时也能够与时俱进。

3.3　意大利国家语言信息化和智能化

语言智能是指语言信息的智能化，运用计算机信息技术模仿人类语言的智能，分析和处理人类语言的科学（周建设等 2017）。作为人工智能"王冠上的明珠"，语言智能的发展经历了从最初的自然语言处理阶段到人机对话阶段，再到智能写作、智能批改、智能翻译和智能问答等多领域应用阶段（胡开宝、田绪军 2020）。文秋芳（2019：62）将国家语言智能化列为衡量国家语言核心能力建设水平的维度之一，并将其解释为"政府能否有效运用智能化技术输入和处理不同语言，从而满足机器翻译、人工智能、智慧教育等方面的需求"。

3.3.1　意大利自然语言的智能处理

自然语言处理（Trattamento Automatico della Lingua）包括机器翻译、语音处理和信息检索等。意大利自然语言处理研究可以追溯到 20 世纪 50 年代。1949 年，罗伯托·布萨（Roberto Busa）与国际商业机器（意大利）有限公司合作，开始着手通过计算机技术辅助编辑《托马斯著作索引》（Index Thomisticus）；该索引包含托马斯·阿奎纳（Thomas Aquinas）著作所使用的约 1,000 万拉丁文单词，远远超出原先手写或打字机制作的索引卡处理水平。

20 世纪 60 年代，安东尼奥·赞波利（Antonio Zampolli）和布萨合作，在创建索引和文本对齐的基础上拓宽文本处理研究领域，于 1969—1970 年在意大利众议院支持下创建了用于法律信息提取系统的意大利语电子词典。赞波利于 1968 年在比萨创立了大学电子计算国家研究中心，后改名计算语言学协会（ILC），隶属于意大利国家研究理事会（CNR）。70 年代欧盟委员会启动了 EUROTRA 项目，旨在联合欧洲的大学与研究机构在自然语言处理领域深入研究，创建多语言机器翻译系统，这一理念促进了文本提取的发展。

意大利最初的两个国家级自然语言处理项目皆由计算语言学协会设计

和提议建立。1999—2001 年，意大利教育、大学与研究部出资开展了"国家自然读写语言处理领域语言资源的基础建设"（TAL）项目，研发团体由比萨研究协会（CPR）、威尼斯研究协会（CVR）、通信实验室和研究中心（CSELT）等 13 个机构组成。TAL 项目研究成果包括：建立意大利语语义 – 词汇网站 ItalWordNet；创建标注不同语言层级的语料库意大利语句法语义树库 TreSSI La Treebank Sintattico Semantica dell'Italiano；设计用于自然语言应用软件模板创建的辅助工具 SiSSa；创立不同语言层级标注的对话语料库；研发高级语音识别命令装置。

2000—2003 年，意大利教育、大学与研究部又出资开展"计算语言学：单语和多语搜索"（Linguistica computazionale: Ricerche monolingui e multilingui）国家研究项目。该项目共包含 8 个项目，每个具体项目由不同的研究机构独立运行。其中的二号项目创建了意大利语口语和书面语料库 CLIPS，采集了意大利具有语言和社会经济代表性的 15 个地区 100 个小时的口语录音；六号项目创建了意大利语 – 阿拉伯语双语语料库，由那不勒斯东方大学负责；七号项目研究阿拉伯语形态学的自然语言处理，由比萨大学古代历史系开展。2002 年在意大利通信部的提议下，意大利自然语言处理论坛（ForumTAL）成立。该论坛旨在协调意大利自然语言处理领域研究和开发，尤其是促进 TAL 项目在公共行政服务领域的应用，目前有 21 个合作机构，主体涉及政府部门、学术机构、社会组织，包括意大利数字技术办、意大利国家研究理事会、意大利司法部、卡拉布里亚大学、乌戈·博尔多尼基金会等。在教育、大学与研究部和国家研究理事会的支持下，由计算语言学协会主导的意大利自然语言处理研究形成了全国网络，并与国内外的大学、企业、研究组织开展合作。

意大利在加强自然语言处理研究的同时，注重科技成果转化。语音识别技术（自动语音识别、电脑语音识别或语音转文字识别）被广泛应用于手机、多媒体和插件三个领域。意大利 Loquendo 公司成立于 2001 年，是一家跨国计算机软件技术公司，隶属于意大利电信实验室（Telecom Italia lab），总部位于意大利都灵，主要提供语音识别、语音合成、说话者验证和识别应用程序服务，在英国、西班牙、德国、法国和美国设有办事处。

"意大利制造"理念也为意大利人工智能领域提供了创新机制，Expert System 和 Synthema 皆为该领域首屈一指的公司。Synthema 主要负责开发语言和语义智能、机器翻译、数据和文本挖掘以及语音解决方案，还提供术语管理、语言质量检查、内容国际化等相关服务。意大利自然语言处理领域主要机构见表 3.3。

表 3.3　意大利自然语言处理领域主要机构

名称	类型	成立年份	总部所在地	简介
ABLA	企业	2000	米兰	主要研发方向为通信技术、语音识别、呼叫中心和语音门户网站，是意大利首个提供语音服务的公司。配有呼叫中心的公司可以通过使用 ABLA 提供的平台优化自动语音服务水平，更高效地搭建网络信息平台。
Amuser	企业	2005	罗马	主要服务领域为非结构化和多媒体信息处理（包括短信、邮件、传真、视频）、语义智能服务、业务流程管理和电子文件传输。该公司自然语言处理业务模块主要为在 Loquendo 平台上开发自动化语音服务软件，开发语音可延伸标记语言程序，设计语音命令装置。
Expert System	企业	1989	莫德纳	该公司在语义理解和信息分析领域处于领先地位，开发了 Cogito 软件，能够自动获取自然语言文本的含义，高效提取和分析文件、邮件、网页等文本中的有效信息。下属的 Expert.ai 是基于人工智能算法的平台，可模仿人类大规模理解语言和复杂文本信息的能力，结合自然语言理解和机器学习，智能处理业务流程和收集信息，主要业务包括：提供平台，为企业设计、开发基于自然语言理解的人工智能解决方案；为数据处理公司提供自然语言开发套件，实现数据库处理自动化；提供应用程序接口，辅助开发智能应用程序。Expert System 公司为企业提供解决方案，主要客户包括安莎社、《24小时太阳报》、意大利电信公司等。

（接上表）

名称	类型	成立年份	总部所在地	简介
Accademia "Giuseppe Aliprandi"	研究协会	1925	佛罗伦萨	该协会主要研究领域为语言学、语音识别、速记法、计算机、多媒体、信息处理等。协会曾以包含 200 万意大利语单词的文章为样本，利用电子编辑手段制作意大利语词频表。
bmanuel.org	研究协会	1999	都灵	由都灵大学创立，主要活跃于语料库语言学、数字人文学、计算机语言学领域，和都灵大学语言学、应用语言学、工程语言学系关系密切，创建公共语言运行指南、免费语料库。该协会创建的语料库主要有：收集大学简报和学术杂志文章的 Athenaeum 语料库，收集 13 世纪佛罗伦萨古典意大利语作品的 Taurinese 语料库，综合性法律语料库 Jus Jurium。
比萨研究协会	研究协会	1987	比萨	非营利团体，促进从研究领域到企业生产的科技成果转化和技术创新，其中的研究支援部加入了 Euromap 计划，是意大利推广自然语言技术的国家联络点。该协会语言学中心还承担和其他国家研究团体以及国际研究计划的协调工作，开辟了意大利语言资源拓展和自然语言处理研究，在国家级研究项目中起到了核心作用。
乌戈·博尔多尼基金会	基金会	1952	罗马	从事信息技术和通信领域的科学研究。主要活动包括出版著作，推出软件，开展会议、实验等，研发产品使用群体包括公共行政部门、科研机构。

3.3.2 意大利国家信息挖掘力

信息检索术语出自 1948 年卡尔文·摩尔斯（Calvin Mooers）的麻省理工学院硕士论文，是指从大规模非结构化数据集合中找出满足用户信息需求资料的过程。意大利语数据网（Statista）2019—2020 年的调查显示，意大利人最常用的搜索引擎为谷歌（占 96.32%）、必应（占 2.22%）和雅虎（占 0.82%）等外国搜索引擎，本国搜索引擎阿里安娜-自由网（Arianna-Libero）使用市场较为狭小，仅占 0.3%。意大利第一家本国搜索引擎是诞生于 1996 年的维吉尔网（Virgilio），该网站搜索功能最初由编辑手动整理提供，后来逐渐发展成新闻内容、邮件服务等门户网站，使用其搜索引擎功能的用户明显减少，且其搜索引擎服务并非独立自主开发，而是先后由谷歌、必应等其他搜索引擎提供的。意大利本土搜索引擎种类和数量繁多，但是存在用户数量少、更新速度慢等缺点，从信息全面程度与用户服务体验上说，几乎都无法做到与近乎全面占据意大利搜索引擎市场的谷歌相匹敌。

3.3.2.1 意大利星网搜索引擎 istella. it

星网是 2013 年意大利电信公司迪斯卡里（Tiscali）推出的"意大利历史文档与网站搜索"搜索引擎，相比于搜索引擎巨头谷歌有明显的民族文化特征，以独特的服务定位来提高自己在国内的竞争力。该网站目标是提供与意大利文化、意大利制造相关的精选信息，目标用户具有明显的本土化特征。该网站同意大利文化机构签订协议提供独家内容，其中包括意大利《特雷坎尼百科全书》（Enciclopedia Treccani）、莫纳奇商业信息数据库（Guida Monaci）和意大利文化遗产活动与旅游部资源等。

3.3.2.2 意大利在线百科全书

在线百科全书区别于搜索引擎，是以词条人工编辑、收录为基础的信息检索工具。除世界范围内广为流通的多语言百科全书"维基百科"（Wikipedia）以外，意大利有数量众多、分类全面的本土百科全书，内容更为专业且符合本国科学、文化和语言等资料查找的需求。意大利最著名的在线百科全书网站是诞生于 1996 年，与《不列颠百科全书》网络版齐名的特雷坎尼百科全书网（treccani.it）。同样较为权威的还有德·奥古斯提尼在线百科全书网（sapere.it），该网站涵盖了社会科学各方面 185,000 多个词条。意大利专业性较强、切合意大利人民实际需求的在线百科全书还有意大利劳动与社会政策部推出的收录各类疾病信息的健康百科全书（Enciclopedia Salute）等。

3.3.3　意大利国家机器翻译力

机器翻译（Machine Translation）指使用机器将语篇从一种自然语言翻译为另一种自然语言，其较为常见的翻译方式是建立以实际语料为基础的语料库，将正确翻译作为信息资源，产生以例句为基础的翻译。近十年来，意大利一些大学将具体技术引入语言与翻译课程中，开设语言实验室，支持将计算机科学、信息检索技术与翻译理论结合，在翻译教学过程中重视语料库、翻译记忆库建设，部分大学还与欧盟机构、社会翻译组织、机器翻译公司合作，推动翻译技术发展，开发机器辅助翻译工具，要求翻译专业学生能够熟练使用机器翻译辅助工具，从而整体上提高国家机器翻译力。

1）阿戈斯蒂尼公司（D'Agostini Organizzazione）

阿戈斯蒂尼是一家意大利科技公司，成立于 1963 年，专门研究知识产权和工业产权，是欧洲首个致力于解决科技翻译尤其是专利翻译问题的公司。1987 年该公司开发出了一款具有自学系统的互动式多语翻译软件Hypertrans，专门用于专利、技术和法律文件术语翻译。1991 年公司设立Dagoservice 部门，专门研发科技、专利、法律、商业、计算机领域翻译软件。目前 Hypertrans 在线翻译软件可以实现意、英、法、德、西、葡语之间互翻，该公司在德国、西班牙等国家也设有办事处。

2）辛瑟玛公司（Synthema S.r.l.）

意大利辛瑟玛公司由国际商业机器公司（意大利）研究中心的部分专家于 1994 年建立，位于比萨，主要开发机器翻译和机辅翻译产品、语言学应用、手写识别、语音识别等，是人工智能语义研究领域的领头公司之一。公司提供多媒体语义研究语言自然理解、人工智能语言分析、翻译等服务。

3.3.4　意大利语言资源学习与语料库建设

意大利语言技术资源丰富，建设了多种类型的语料库及语言资源库，不仅具备搜索能力，部分语料库还能实现目标信息提取；但同时，意大利数据收集平台建设较弱，主要使用欧盟及其他成员国建设的门户网站。意大利在语言资源保护方面的工作较为完善，主要途径包括建立分类语料库以及拓宽语言学习资源，对于意大利语的研究、传播和推广具有积极作用，并有较高参考价值。

3.3.4.1　意大利语言资源学习

意大利语网络学习资源丰富，国家为意大利语学习者搭建了网络语言学习平台。一方面，建立线上意大利语词典，面向各阶段意大利语学习者，提供详细的语言知识和词典信息的查找。如秕糠学会网站推出Battaglia意大利语线上大词典，Zanichelli出版社与秕糠学会合作推出Tommaseo在线意大利语词典，《晚邮报》（*Corriere della Sera*）网站推出Il Sabatini Coletti线上意大利语和翻译词典（包括英意、西意、法意、德意在线词典），Treccani在线词典以及编纂古代意大利语词汇的《意大利语起源宝库》等。另一方面，创建在线自主学习平台，面向以意大利语为第二外语的学习者，提供在线学习课程和自主测试。其中，意大利语研究中心创立的Locuta网向外国学生提供免费意大利语语法、词汇、发音课程及习题，Scudit意大利语学校创办的线上意大利语课程网站除整合课程、提供免费下载的语言教材外，还提供意大利语官方水平测试的相关练习材料。

同时，通过社交网络开展意大利语教学成为新媒体时期的流行趋势，在YouTube上搜索"意大利语"（lingua italiana），会出现大量的相关视频，涉及意大利语历史、语法、交流用语等全面广泛的内容。部分教学网站会在社交网络平台上注册账号，形成媒体矩阵。如雨后春笋般出现的活跃度极高的自媒体，也极大地丰富了意大利语信息资源，起到了较强的意大利语推广作用。

意大利语手机学习软件目前发展到比较成熟的阶段，在Google Play中搜索关键词"意大利语学习"（imparare italiano），可搜索到200多个学习软件，涵盖意大利语入门、意大利语单词、语法测试、听力等多个领域，这些软件的研发团队多为外国机构，少数为意大利本土团队。其中，"现在 – 面向外国人的意大利"（PRESENTE - Italia per stranieri）为博洛尼亚省成人教育中心牵头设计。

3.3.4.2 语料库建设

1953 年成立的"文学分析自动化研究中心"（CAAL），使意大利成为语料库语言学研究的先驱之一。此后，新兴信息技术逐渐被应用于文学、语言学等研究领域。早在 20 世纪 60 年代，大批学者开始收集和整理个人的语料库资料，并由此成立了一系列公共或私人的研究中心。一些权威研究学会（如秕糠学会）也开始将目光投向语料库的收集，几所大学陆续开设相关实验室以开展语料库研究工作。与此同时，出版行业也开始依托语料库汇总语料，实现了意大利语纸质词典和电子词典的革新。

1）以权威研究学会为依托的语料库

意大利语语料库类型划分详细，分工明确。其中，以权威研究学会为依托的语料库研究机构和项目主要有：比萨计算语言学协会（L'Istituto di Linguistica Computazionale di Pisa）、意大利词语工程项目（L'Opera del Vocabolario e l'Accademia della Crusca）、图利奥·德·毛罗学术项目（La Scuola di Tullio De Mauro）、比萨高等师范学校语言实验室（Laboratorio di Linguistica della Scuola Normale Superiore di Pisa）、都灵大学 Unito 项目（Corpora. unito）、博洛尼亚大学系列语料库（Corpora dell'Ateneo Bolognese）、意大利语言实验室（LABLITA）。以下分别介绍。

比萨计算语言学协会是历史上首个进行语料电子收集及处理的研究中心，也因其长期以来的研究活动成为最重要的研究中心之一。20 世纪 60 年代中期，该中心开展了首次《神曲》目录及索引数据处理工作。在语言学家赞波利的推动下，该中心于 1978 年成为隶属于意大利国家研究理事会的独立研究机构，即计算语言学协会。该协会以其国际公认的专业领导力成为语料资源概念的重要推动者之一，研究方向主要包括：计算语言学资源建设及标准制定；自然语言自动化处理模式与方法研究；人文社科类研究的计算方法与工具研发（重点关注文学、语言学及词典词汇学）。在国际上，该协会引领语料库电子格式标准化进程（如 EAGLES、ISLE 两大欧洲项目）的方向，致力于促进行业新模式的探索和发展。

1965 年，秕糠学会开始着手进行一项新的意大利语词汇整理项目，即意大利词语工程项目，并为此成立了词语工程机构。1985 年，该机构改名为意大利语词语工程研究中心（Centro di Studi Opera del Vocabolario Italiano），同样隶属于意大利国家研究理事会。1983 年，该项目产出了学界享有盛名的《意大利语起源宝库》大词典，其词汇表的选取和内容编纂主要通过语料库技术实现。除了主语料库之外，还专门为语料库例句的整理配备了附属语料库（Corpus TLIO aggiuntivo），两个语料库均被收录于新语料库（Corpus OVI）中。

德·毛罗是最早从事语料库语言学研究工作的学者代表。在他的提议下，国际商业机器公司于 1989 年完成了《意大利语计算机词典》（*Vocabolario elettronico della lingua italiana*）的编写。该词典收录了 10,000 个以语料库内出现频次排序的常用词汇，是对一个语料库进行文本分析整理及词条化处理后诞生的创新性成果。该语料库拥有 25,000,000 例句量，依据安莎社（ANSA）档案文件和杂志文本资料建成。随后，德·毛罗分别于 1996 年和 1999 年使用语料库技术主持、编纂并出版了《意大利语基础大词典》（*Dizionario di base della lingua italiana*）和《意大利语实用大词典》，并于 2007 年完成了《二十世纪意大利文学语言第一宝库》词典的编纂与出版。

在此团队中，朱塞佩·吉里奥兹（Giuseppe Gigliozzi）是最早将计算机科学应用于文学文本研究的学者之一，他在罗马大学建立的研究中心 CRILet 是意大利文学语料的电子宝库。2009 年，CRILet 新建立了名为"议会发言语料库"的转录文档，该语料库旨在对意大利政治领导人议会发言中有关社会、历史、语言学的内容进行调查研究。

较有特色的还有用于构建大型计算机通信（CMC）语言平衡的试验性语料库 Web2Corpus IT。该语料库语言文本约为 100 万词，内容包含异步（如博客、论坛、新闻组、社交网络）和同步（如即时通信程序和聊天）的不同类型电子通信文本。

比萨高等师范学校语言实验室于 1976 年建立。该实验室的研究领域极为广泛，除语料库建设与归档外，还致力于实验语音及语音学领域研究、类型语言学及神经语言学研究。实验室在口语语料收集方面是意大利语料库语言学核心机构。

都灵大学 Unito 项目主要致力于对意大利语教学语料的整理和研究。2003 年建立的 VALICO 语料库（Varietà Apprendimento Lingua Italiana Corpus Online）存储了来自世界各地的意大利语学习者的书面测试内容，收集了 3,000 多篇文章，约 70 万条记录。VALICO 语料库主要针对意大利语学习者，报告与其原籍国和认证能力水平相关的主要错误类型，对基于语料库手段的新教学策略的开发有重要的指导作用。2004 年，VINCA 语料库（Varietà di Italiano di Nativi Corpus Appaiato）诞生，其设计初衷是监测和调节 VALICO 语料库，为意大利语教师提供学生写作过程中的文本内容检索，从而帮助研究者了解外国的语言学习者在写作中遇到的困难，帮助他们尽可能减少语言错误。

NUNC 语料库（Newsgroups UseNet Corpora）是都灵大学 Unito 项目的另一项重要成果。它广泛收录了意大利语书面语料资源，并通过 TreeTagger 对语篇进行语料标记，同时开放线上自由检索功能。该语料库还部分开放了西班牙语、英语、法语、德语的新闻组语料库，每种语言对应的语料库总词汇量均超过 6 亿。目前可用的 NUNC 语料库除了常规内容外，还对烹饪、动力、摄影和电影等语义领域的语料进行了相关专业收录。

该团队还研发了系列学术性和专业性语料库，其中 Athenaeum 语料库偏重学术论文收集，Jus Jurium 语料库旨在收录法律类型文本（如法典、法律条文、判决书、条例、两院会议记录和议案等）。

博洛尼亚大学系列语料库主要包括 CORIS/CODIS 语料库、《共和国报》语料库（Corpus *La Repubblica*）和比萨网络语料库（Web corpus Paisà）。

博洛尼亚大学是意大利最大的语料库语言学研究中心之一。CORIS/CODIS 语料库由博洛尼亚大学应用及理论语言学学生会（CILTA）负责研究开发，于 2001 年 9 月投入使用。该语料库收录了 1980—1990 年不同类别的意大利语文本，内容涵盖报刊、文学、学术论文、简报收藏、行政法律等各方面，以其与英国国家语料库（British National Corpus）相当的规模及收录标准，CORIS/CODIS 语料库成为意大利首部二代参考语料库。该语料库每三年更新一次，由专门的配套标记程序对语篇进行注释及词条化处理。

2001 年，博洛尼亚大学现代语言翻译与口译高级学院（SSLMIT）应运而生，随后建设了《共和国报》语料库，收录了 1985—2000 年的文章。该语料库基于 IMS 语料库工作平台系统，使用 CQL 语言定义高级查询，所收录文本均可根据发行年份、类型及话题进行精确查找。该研究团队还于 2006 年研发了 ItWaC 语料库。就规模和收集标准而言，ItWaC 语料库可被认定为意大利新一代网络语料库的模板。

比萨网络语料库由博洛尼亚大学、比萨大学以及博尔扎诺欧洲学院（EURAC）的研究人员共同研发，以网络文本语料为依托（约有 2.5 亿条语料记录），支持知识共享，其运行程序与 ItWaC 语料库相似。

意大利语言实验室隶属于佛罗伦萨大学，成立于 1985 年。成立之初主要从事口语语料的归档存储工作，21 世纪初开始进行现当代意大利文学作品的短篇收录工作——GRITTEXT[1]。语篇部分均由 TreeTagger 进行注释及词条化处理，并以 XML 格式存储。该语料库可作为同等口语语料库的比较研究对象，以供实验室内部研究使用，可应要求进行查阅。

2010 年，应意大利语言学和语史学国际协会（Società internazionale di Linguistica e Filologia italiana）要求，RIDIRE 网络语料库（Risorse dinamiche dell'italiano in rete）建立。该语料库旨在巩固意大利语的国际地位并加强意大利语在全世界的教学能力和传播。RIDIRE 网络语料库区分了语料的功能域（立法、行政文本、商业和经济、信息咨询等）和意大利

1　该语料库主要收集 1950 年以来 200 余位意大利现当代作家的散文作品，规模约 28 万条语料。

文化中的高语义域（艺术、电影、时尚、美食、宗教、文学等），并进行了内部平衡。语料库资源下载采取了创新性的定向爬行策略，由各大学团队合力完成，主要包括那不勒斯腓特烈二世大学团队、罗马第三大学团队、都灵大学团队、锡耶纳大学团队、佛罗伦萨大学团队。

该团队还创立了专属网页清理系统。语料资源由 TreeTagger 进行词条处理并标记为 PoS 格式；包含元数据，根据功能领域及所属语义对下载的文本进行显示。在语料库查询方面，同义词及词语搭配的高级检索工作主要通过与国外大学意大利语教师的合作完成。

2）口语语料库

口语语料因其瞬时性特点，在收录过程中须将内容转录为可数、可视、可识别的书面文本，也因此须与书面及网络语料库区别开来。由于口语资料的快速传播性和不可预测性特点，口语语料成为基于某种特定情况口语输出内容收集者的第一选择；也正是由于这一特点，研究人员开发了文本-语音平行语料库，以确保其准确性和转录的实用价值。较之其他语料库，口语语料库建设成本极其高昂——采集成本高（实地考察、情景选择、录音技术难题、说话人授权）、转录及匿名化成本高（且不可能一步转录）、声音校准成本高、资料存储及处理分析系统容量成本高。此外，口语语料库的规模及其设计也根据其收集目的（语音、词汇、句法、语义、信息结构等）而有很大不同。[1] 下文以时间顺序简单列举意大利较有代表性的口语语料库。

1965 年，哈罗·斯塔默约翰（Harro Stammerjohann）在佛罗伦萨为其博士论文编录的录音集可被认为是第一个意大利语口语语料库，该语料库的创建目的是以语音记录代替当时较为普遍的语言学研究习惯。采访是由讲佛罗伦萨方言的说话者进行的，并在家庭、工作场所和学校进行录音，以保证日常语言使用的场所差异性。

PIXI 语料库是最早的较系统的口语语料库代表。它收集了 20 世纪 60

1　口语语料库又可根据使用者、使用地区、使用语境等不同而细分。

年代英国和意大利书店中约 450 条自主会话记录，对会话元数据和各种语言学特征进行了广泛描述，其电子格式在牛津文本档案库（Oxford Text Archive）中也有存储。除此之外，1995 年在哥本哈根和都灵进行的丹麦语和意大利语口语语料收集项目（该项目为"憨豆先生"项目子项目）以英国喜剧演员憨豆先生的两部无声短片为依托，描述和总结了 45 段独白（27 段由意大利语者讲述，18 段由丹麦语者讲述）。该语料库还包括书面部分，并附有准确的语言学和文本分析。

《意大利语口语词频词典》（*Il Lessico di Frequenza dell'italiano parlato*）于 1990—1992 年由罗马大学和国际商业机器公司合作编成，1993 年出版，不仅是第一部系统性的意大利语口语汇编，还是最重要的语料库之一，许多该领域的语言学研究均在其基础上开展。该语料库收录文本对应超过 50 万条语料记录（57 小时录音），并在意大利四个城市进行语料收集工作。该项目旨在考察以意大利各大区主要差异为代表的语言变化。《意大利语口语词频词典》语料库包括五种不同类型文本：（1）面对面交谈；（2）电话交谈；（3）规范的对话式互动；（4）独白（讲座、课程、布道等）；（5）广播和电视节目。其中，规范的对话式互动文本包含的对话并非自由谈话，而是根据其中一个发言人的提示进行，风格类似于采访、审讯等。面对面交谈和电话交谈文本主要为非正式录音。每个类型有大约 100,000 条语料记录，来自不同的收集地点。鉴于其丰富的内容和类型，《意大利语口语词频词典》被认为是首个意大利语口语参考语料库。该语料库还由专门的软件进行了 PoS 标记及词条化处理。其词频列表总共包含 15,641 个词条，以词典形式进行编写并出版成册，同时配备电子格式（通过软盘存储，因此现在难以使用）。

在《意大利语口语词频词典》语料库的经验之上，锡耶纳外国人大学语料库（Lessico Italiano Parlato di Stranieri）应运而生。该语料库收录了自 1993 年第一届以来历届锡耶纳外国人大学意大利语水平考试（Certificazione di Italiano come Lingua Straniera，简称 CILS）的所有口试档案文本，共约 700,000 次语料记录（讲话时长 100 小时）。基于研究目的考虑，所选档案均为参加过至少两场 CILS 考试的考生。通过对两次考试结果的对比，探究语言在学习过程中的演变。该语料库通过 TreeTagger 进行词条化处理，并为全球语料库和根据分析标准（如学习水平、考试地点、文本体裁等）创建的不同子语料库提取了词频表。

3）C-ORAL-ROM 语料库

前文提到的意大利语言实验室语料库是最早将声音－文本的平行对应置于收录系统核心的语料库，这一创举也随后被认定为现代口语语料库的基础特征之一。该语料库还被认定为 20 世纪 60 年代中期以来语言历时性差异的重要见证者，并处于不断完善阶段。[1] C-ORAL-ROM 语料库的意大利语模块同样是意大利语言实验室语料库的一部分，主要为罗曼语系语言（意大利语、法语、西班牙语、葡萄牙语）的口语语料库，每个模块都由各自国家的研究中心进行收集编写，以便收录内容能够充分代表目标语言的种类特征（南部法语、葡萄牙语、西班牙语）。C-ORAL-ROM 语料库由四个子语料库组成，每个子语料库的每种语言均有大约 30 万词（124 小时总声音时长）。文本内容以 LABLITA-CHAT 格式转写，还进行了文本－声音平行校准，对语篇部分进行注释及词条化处理（通过每种语言的专用软件完成），还添加了 wav 格式的声音文件。[2]

1990 年，那不勒斯腓特烈二世大学的跨部门信号研究分析中心（CIRASS）成立。它是意大利语言学会的内部机构，在意大利语口语研究中具有重要作用。CIRASS 专业从事实验描述性语音学、声乐信号数字化处理、合成声音、语音感知模型处理的跨学科研究，众多那不勒斯研究学

1　意大利语言实验室语料库由三个子库组成：（1）成年人自发讲话语料库，包含 150 小时声音时长、60 小时转录、超过 50 万词，其中 35 万词与声音平行对应；（2）初学语料库，由在幼儿园和家庭环境中收集的 13—36 个月大的儿童的纵向和横向录音组成（约 95 小时声音时长、转录单词超过 20 万）；（3）广播语料库，包括各种电影声音和广播、电视、电话语音样本（约 70 小时声音时长、30 小时转录、超过 20 万词，其中 7 万词与声音平行对应）。

2　C-ORAL-ROM 语料库有两种可用版本：一种是 DVD 版本，是加密的声音及文本语料库，附于发行册；另一种是由欧洲语言资源分布服务处（European Language Resource Distribution Agency）发行的非加密资源，供研究及工业用途。语料库的非正式部分，标有语料的信息结构资料，可以通过 DB-IPIC 界面进行在线查询，也可以直接获取声音资源。

者均有参与 CIRASS 相关工作的经历。多年以来，CIRASS 推动了口语语言学的发展，尤其是语料库的收集分析、技术应用及语言学术语的研究工作。与之相关的语料库项目主要有意大利语口语种类档案（AVIP）和意大利语口语档案（API）。

意大利语口语种类档案项目开始于 1997 年，于 1999 年完成建设。该项目由比萨高等师范学校牵头，并在与 CIRASS 及那不勒斯东方大学语音实验室、巴里理工大学电子与电气工程系等研究力量的合作下完成。AVIP 语料库由在比萨、那不勒斯、巴里采集的口语语料组成（约有37,000 条语料记录，14 小时声音时长），语料主要采集自正常年轻人以及部分具有听力障碍的儿童。[1] 意大利语口语档案项目开始于 1999 年，2001年完成建设。API 为 AVIP 创建了标签，还建成了语料库的电子集成工具。通过对意大利不同地区口语文本的比较与验证，API 开展了专业的意大利语口语语音学研究。[2]

CLIPS（Corpora e Lessici dell'Italiano Parlato e Scritto）项目于 2000年开始建设，2003 年完成。合作团队主要由那不勒斯大学、比萨高等师范学校语言学实验室、乌戈·博尔多尼基金会和莱切大学的研究人员组成。CLIPS 收集了意大利大量广播和电视节目（新闻、文娱节目、广告）、电话交谈和阅读文本（约 100 小时声音时长），相比 AVIP 在更大范围内证明了意大利语的地区性差异。[3]

IPAR 项目始于 2001 年，旨在对 AVIP 和 CLIPS 两个项目进行总结。佩鲁贾大学、锡耶纳大学、威尼斯大学等多所大学的学者参与了该项目的研究工作。IPAR 项目的主要目的是对意大利语口语进行更全面的语言学分析。

1　以视频对话的方式采集。

2　AVIP-API 语料库最初以 DVD 形式出版，目前可在 Parlaritaliano.it 门户网站下载。

3　CLIPS 致力于技术应用（识别系统、自动分段和标记工具），但也可以进行更普遍的语言学分析和差异性研究。CLIPS 根据 EAGLES 建议的国际标准，对约 30% 的声音资源进行了拼写转录（300,000 条语料记录），并对每段对话进行了文本 – 声音的平行校准。完整的 CLIPS 语料库可以从项目网站下载。

2004 年，在多所大学研究中心学者的合作下，首个致力于意大利语口语研究的语言类门户网站 Parlaritaliano.it 成立，该网站为大型语料库集合，其总部位于萨勒诺大学语言文学系的 P.A.R.O.L.E（话语）实验室。[1] 该网站收录不同交流场景下经过标注的语料，为口语研究提供了大量资源，研究方向涉及不同领域。

4）其他种类语料库

另有其他种类语料库，包括传媒用语语料库、CHILDES-ITALIA 项目（习得语料库、意大利语手语及病理性语言语料库）和其他语料库等。以下我们依次以表格形式体现，见表 3.4、表 3.5、表 3.6。

表 3.4　传媒用语语料库

语料库分类	中文译名	主要内容
Lessico Italiano Radiofonico (LIR)[2]	广播语言语料库	LIR 主要包含 LIR1（于 1995 年收集）和 LIR2（于 2003 年收集）两个广播语料库。LIR1 收录来源于 9 个主要的国家或地方广播电台[3]的超 60 万词汇量（声音时长约 68 小时）的声音语料。语料库使用 DBT 程序进行词条化处理，该程序还允许多义词、惯用语和外来词的检索。LIR2 语料库设计与 LIR1 相同，但仅涉及 RAI 的 3 个电台（超过 30 万词，广播讲话时长 33 小时）。
Lessico dell'Italiano Televisivo (LIT) 和 DIA-LIT[4]	电视语言语料库	主要收集 2006 年全年 RAI 和 Mediaset 6 个电视网络在收视高峰期广播（大众节目、电视剧、电视电影、电影、娱乐节目、体育节目、真人秀、卡通、广告）的视听记录。该语料库包含大约 168 个小时的语音，其转录形式与 LIR 语料库所用的转录形式相比有所简化，但增加了根据意大利语言实验室系统对话语结尾和话语内部扩展的主要语态特征的识别。 该语料库的所有功能（包括数据输入和查询）均被扩展应用于 DIA-LIT 语料库，主要涉及儿童节目、娱乐节目、科幻节目、政治脱口秀、问答节目等类型。除了 LIT 语料库提供的标记外，DIA-LIT 语料库还对每个节目播放日期相关的数据进行显示，以便对特定时期进行研究。

（续下表）

1　发布在 Parlaritaliano.it 上的语料均可自由下载并用于科学研究。

2　研发团队主要来自比萨高等师范学校、佛罗伦萨大学、秕糠学会。

3　主要包括三个 RAI 电台、DJ 电台、RTL 102.5 电台、105 电台、Italia 电台、Radicale 电台和梵蒂冈电台。

4　研发团队主要来自卡塔尼亚大学、热那亚大学、米兰大学和图西亚大学。

（接上表）

语料库分类	中文译名	主要内容
Grammo-foni (Gra.Fo)[1]	数字化档案	旨在通过电子信息存储的构建收集语言学相关的声音资料，并进行分类、数字化处理，发布于专门网站。

表 3.5　CHILDES–ITALIA 项目

语料库名称	研发团队	主要内容
CHILDES-ITALIA 项目	由意大利国家研究理事会心理学中心[2] 携手罗马大学心理学系、比萨 Stella Maris 住院和护理研究所、比萨大学儿童神经精神病学系、佛罗伦萨意大利语言实验室以及帕多瓦意大利国家研究理事会语音中心的研究人员合作开展	CHILDES-ITALIA 项目构建了意大利不同健康状况的儿童的语言纵向集合。
意大利语手语（LIS）语料库	ISTC-CNR 及罗马大学	LIS 语料库数据来源于 2010—2011 年 165 个手语对象，对应 164 小时的视频录像。
精神分裂症口语语料库（CIPPS）	那不勒斯腓特烈二世大学	CIPPS 语料库包含 17 小时的声音记录，其中 10 小时根据 CLIPS 系统进行转录，产生 59,000 条语料记录，通过变音符号标记常规语言现象，也对特殊现象进行标记，如频繁吸气及病理性语言表达伴随的各种噪声。

1　参与人员主要来自比萨高等师范学校和锡耶纳大学。

2　意大利国家研究理事会心理学中心后来成为理事会下属的认知科学与技术研究所（ISTC），该所主要收集不同健康状况的儿童口语信息，为儿科和医学研究人员评估儿童成长及发育水平提供基础研究材料。

表 3.6　其他语料库

语料库名称	主要内容
西西里方言档案（APS）	包含西西里语言文学研究中心（Centro di studi filologici e linguistici siciliani）的全部声音记录（大多数为西西里地区不同方言），最早资料包括 20 世纪 60 年代末和 70 年代初相关音频，录音文件的持续时间从几分钟到 120 分钟不等。
CoLFIS（Corpus e Lessico di Frequenza dell'Italiano Scritto）	意大利语书面语词汇使用频率语料库
BoLC（Bononia Legal Corpus）、IS-LeGI（Indice semantico per il Lessico Giuridico）	法律术语语料库
ReMediA（Repertorio di Medicina Antica）	医学术语语料库
MiDia corpus（Morfologia dell'italiano in diacronia）	意大利语形态历时语料库
ONLI（Osservatorio Neologico della lingua italiana）	意大利语词汇观察语料库
VINCA（Varietà di Italiano di Nativi Corpus Appaiato）	意大利母语使用人士多样性写作文本参照语料库
ArTeSiA (Archivio Testuale del Siciliano Antico)	古代西西里方言文本库

　　意大利语料库对于意大利语语言资源的分类、储存与保护起到了重要作用，其来源不局限于现代意大利语，也涉及常用或非常用的多种语体；使用范围广泛，可用于语言学习、意大利语研究、语言资源记录与保护。意大利语料库在语料库建设和使用过程中体现了较强的自然语言处理技术，包括信息抽取、语音识别、机器翻译等。

3.4　意大利国家语言和谐生活

　　国家语言生活是否和谐，在很大程度上取决于政府能否在各类语言事务中协调关系、应对冲突、缓和矛盾。文秋芳（2019：62）将其解释为"政府能否恰当处理国家通用语、少数民族语言、方言之间的关系，纸质媒体和网络媒体之间的关系，构建语言生活的和谐社会环境"。上述几对关系都是在特定的历史背景下形成的，各种复杂的内外部因素掺杂其中，致使每个国家面临的主要矛盾不尽相同。对意大利而言，最突出的问题在于如何妥善处理国家通用语和少数群体语言之间的关系。除此之外，对方言、外来移民语言、盲文和手语政策的制定和管理也成为国家语言和谐生活的有机组成部分。

几百年以来，意大利是整个欧洲范围内语言多元主义保护得最好的国家之一。意大利的语言多样性不仅得益于国家的地理结构，更来源于其复杂的行政区划历史和文化渊源。如今，这种语言多样性已经成为语言特殊遗产，为人所了解和研究。

3.4.1 意大利少数群体语言发展概况

回顾意大利一个半世纪以来的少数群体语言政策演变历程，可以看出，其少数群体语言政策既随着社会现实（包括社会构成、少数群体人口、分布和文化影响力等）的发展而改变，同时也受到不同历史阶段国家意识形态方针的影响：由最初出于民族国家稳定的需要，强制推行的同化主义，转为后来的促进语言多样性、保障文化上的言论自由。

意大利在语言保护措施的落实方面，可分为两种情况：一种是在社会生活的方方面面同时使用意大利语和少数群体语言，以瓦莱达奥斯塔大区为代表；另一种则在意大利语和少数民族语言间实行分离主义，两种语言的母语者都可以只用自己的母语，而无须使用另一类语言，以博尔扎诺省为代表。在学校教育方面，前者的课程设置中两种语言的教学课时相等；后者则按照母语设立两类学校，分别将非母语作为第二语言进行教学。上述两种做法各有利弊，前者有利于增加不同母语族群之间的接触机会，但国家通用语的强势地位可能会对少数群体语言构成威胁；后者有利于保护少数群体语言，但可能加剧两大族群的对立。

目前，意大利绝大多数公民的语言仍以意大利语为规范，其中也包括讲希腊语、阿尔巴尼亚语和罗姆语的少数群体或移民社区。偶有例外，如特伦蒂诺－上阿迪杰大区位于意、奥边界的南蒂罗尔地区。蒂罗尔地区原属于奥匈帝国，一战后南蒂罗尔被割让给意大利。该地区多数人使用德语，另外还有居民使用拉迪恩语、斯洛文尼亚语，因此该地区的语言文化认同不同于一般的意大利地区。值得注意的是，该大区的官方语言有三种：意大利语、德语和拉迪恩语。

3.4.2 面向外国移民的语言政策

《历史语言少数群体保护框架》保护了一定地域范围内聚集的"历史意义上的语言少数群体"，但对意大利语方言、分散分布的少数群体语言以及"新少数语言"缺乏相关规定。"新少数语言"的概念由德·毛罗于1974年提出，伴随移民潮的兴起，新少数语言被分为正处于进入意大利的过程中但尚未融入本地社会的"移民中的语言"（lingue migranti），以及已经在意大利社会中扎根的"移民语言"（lingue migrate）。新少数语言改变了意大利的语言格局，提高了意大利社会语言的多样性，造成了所谓的"新多语化现象"（neoplurilinguismo）。

近几十年来，随着外来移民逐渐增多，意大利成为移民国家。据近期统计，在意大利境内居留的外国人数量已达总人口的8.3%。第一代和第二代移民的语言需求不断增长，他们迫切需要融入主流社会。与此同时，国际社会也愈发重视移民保护。1966年，联合国通过了《公民权利和政治权利国际公约》（International Covenant on Civil and Political Rights）；1975年，欧洲安全与合作会议签署了《赫尔辛基协议》；1990年，联合国通过了《保护所有移徙工人及其家庭成员权利国际公约》（International Convention on the Protection of the Rights of All Migrant Workers and Members of Their Families）。国际文件既坚持基于不歧视原则的保护，又鼓励对移徙工人的母语开展相关保护。欧洲委员会随后的成年移民语言融合计划（Linguistic Intergration of Adult Migrants），也致力于为促进移民融入社会的政策制定者和从业人员提供支持。

意大利针对外来移民的立法始于 20 世纪 90 年代。2002 年，第 189 号法令在外来移民方面提出了若干重要革新。为了消除外来移民行使个人权利时的语言障碍，法律规定，向外国人发放入境签证时应使用对方可理解的语言，并将阿拉伯语加入备选翻译语种之列。该法保留了移民中心的意大利语课程以及有关学校教育的规定。

《马罗尼法》的实施法令于 2010 年出台。该法确定了意大利语言知识测试的开展方式以及相关测试机构（意大利内政部与意大利教育、大学与研究部认可的测试机构包括罗马第三大学、佩鲁贾外国人大学、锡耶纳外国人大学和但丁协会），并规定了测试内容和评分标准，要求外来移民的语言能力须达到《欧洲语言共同参考框架》A2 等级水平。该法还规定，国家通过大区、地方机构、成人教育中心、第三产业组织和其他组织促进移民融入社会，移民可免费接受公民教育和成人教育中心提供的信息。

面对近年来外来移民增长趋势，意大利政界的立法措施相对有限，整体显现出不够重视新语言少数群体诉求的态势。意大利语言学界和法学界针对这一议题也展开了诸多讨论，主要包括：（1）国家应更加积极主动地促进移民融入社会，例如支持移民学习语言；（2）向公民身份申请者而非居留许可申请者提出语言测试要求；（3）移民融入社会应遵循自愿原则，而不是强制推行。

外来移民语言权利保护和母语保护是新少数语言政策的另一个重要侧面。该类保护在个人层面是对母国语言文化的维系，在社会层面有利于提高意大利社会的文化多样性。然而，意大利至今仍缺乏新少数语言保护的具体法律措施。随着时间的推移，在可预见的未来，新语言少数群体会在意大利站稳脚跟，形成地域性的定居，逐渐接近历史意义上的语言少数群体。由于《历史语言少数群体保护框架》仅以有限列举的方式罗列了一些历史意义上的少数语言，因此，该法在语言保护范围的设立，尤其是对新少数语言的纳入方面仍有较多待开展的工作。

总体而言，作为新移民国的意大利对外来移民的语言权利保护仍显不足，意大利习惯性地优先考虑外来移民的法律地位等公共政策问题，以及意大利政府办事效率低下的工作作风，客观上给外来移民定居意大利造成了阻碍。面对新语言少数群体的出现和发展，意大利若想完善其语言保护政策，一方面需要多帮助外来移民习得意大利语，以促进其融入主流社会；另一方面需要保护其语言权利，保护外来移民的母语，以应对意大利语言格局的重大变化。

3.4.3　意大利方言政策

由于意大利语在国家民族统一进程中特殊的发展历程，意大利对方言概念的界定也与普通语言学中的定义不同。1882 年，意大利语言学家格拉齐亚迪奥·伊萨亚·阿斯科利（Graziadio Isaia Ascoli）将意大利语中的方言分为四类，该分类直至今天仍被社会广泛接受：第一类方言是发源地位于意大利领土境外，属于新拉丁语系，不是意大利特有方言的语言（如普罗旺斯语和佛朗哥 – 普罗旺斯语系的方言，中拉丁语系和东拉丁语或弗留利语）；第二类为与标准意大利语体系不同，但又不属于新拉丁语系的语言（如皮埃蒙特语、伦巴底语、艾米利亚 – 罗马涅语和撒丁岛方言）；第三类是与标准意大利语或托斯卡纳语类型不同，但与托斯卡纳语形成特殊的新拉丁方言体系的语言（如威尼斯语、科西嘉语、翁布里亚语、马尔凯方言和罗马方言、西西里岛和那不勒斯省的方言）；第四类为托斯卡纳语以及以其为代表的文学语言。

标准意大利语是在意大利托斯卡纳方言的基础上确立起来的，因此，如何处理方言与通用语的关系不仅是学术问题，还关系到社会和谐语言环境的构建。总体而言，意大利对方言问题的态度，经历了弱化方言、去方言化、抵制方言、重视方言、尊重意大利社会丰富的语言背景这一客观事实的过程。

意大利统一初期，大众日常交流主要使用方言，但官方则是重视标准语，而将方言边缘化。1864—1865 年，全国义务教育调查委员会对教育情况进行摸底调查。1868 年 1 月 14 日，教育大臣布罗利奥任命曼佐尼为语言统一委员会主席，该机构下设米兰和佛罗伦萨两个分会，研究制定促进语言普及化的方案。年逾 80 的曼佐尼很快在 2 月 19 日呈交了《语言统一与传播方式报告》，报告以集体的名义完成，但发表前并未与佛罗伦萨分会的同行进行充分讨论，成稿上只有曼佐尼一人的签字。

曼佐尼的报告从两个前提出发。第一，语言作为有机和同质化的整体，不能以部分的形式存在。他指出，好的文字应来自口语，而"书面语"（lingua scritta）的提法本身就是矛盾的，语言是整体，"书面的"指的是部分，部分不能修饰整体。在提到语言的"使用"（uso）时，曼佐尼总以大写字母 U 表示强调，称"语言的使用，就是语言的裁判、教师"；第二，语言和方言没有本质区别，方言也是独立完整的语言，只是在限定区域内使用。曼佐尼将方言称为"特殊的语言"（idioma particolare），认为其本质也是语言，因此，某地的方言可以被奉为"共同语言"（idioma comune）。基于这一前提，曼佐尼进而驳斥了纯净派回归古典的主张，指出通用语不应以考据的方法去整理古书，而应贴近甚至直接取材于社会现实，应注重社会性而非文学性，口语优先于书面语。曼佐尼指出，数世纪以来关于意大利语的讨论已落入寻章摘句的窠臼，新国家的语言标准不应以文学语言为参照，而应以资产阶级广泛使用的当代佛罗伦萨方言为基础。他以拉丁语和法语为例，证明某一城市的方言擢升为国家统一语言的可行性。在他看来，法语就是从巴黎方言推广到法国全境而形成的，拉丁语则是从罗马这座城市辐射到帝国全境；佛罗伦萨语是传统的文学语言，且在意大利已相对通行，完全有条件成为通用语。由方言而成为全国通用语，在曼佐尼看来是唯一可能且自然的解决方案，而杂糅各地方言或建立在书面语基础上的方案都是"人工的"，违背了"使用"的原则。

曼佐尼的报告招致了相当多的批评声音。部分人批评学校改革忽视方言在国家语言能力建设中的重要性，另有一部分人着力编写方言词典。然而，编写方言词典政策成效不佳，去方言化重新成为意大利语言教育政策的中心。1923 年，在秦梯利改革的框架下，意大利著名教育家、哲学家朱塞佩·隆巴尔多·拉迪切（Giuseppe Lombardo Radice）强调了方言的重要性，并推动其在小学阶段意大利语教学实践中的应用。法西斯政府执政时期，意大利在语言方面推行集中政策，强调清除教学实践及其他领域中的方言成分，将强制推行标准意大利语作为建设完整统一的意大利的必要条件。

20世纪七八十年代，方言与通用语关系的问题重新成为学术团体、专家学者讨论的重要议题，意大利语言教学政策的方向由此发生转变，开始强调在丰富的语言背景框架下实现通用语的普及，也改变了教学实践中对方言问题的认知。考虑到意大利底层民众在语言使用上的劣势、从方言到通用语转变的困难，1973年，意大利语言学会设立语言教育研究与干预小组，并发行名为《关于民主语言教育的十点论纲》的宣言；该宣言成为语言教学实践与研究的指导方案，并在推动官方机构改革教学实践方面做出了重大贡献。自此，意大利对方言的认知趋向清晰，也不再将其看作阻碍通用语传播的因素，并在教学实践中将方言与通用语结合起来。2010年第89号总统令要求学校具有多元语言背景，教师在教学中普及通用语的同时不可忽视方言和其他语言的价值。

3.4.4　意大利语手语与盲文

3.4.4.1　手语与意大利聋人协会

使用手语的聋人也是语言少数群体的一部分。全意大利约有96万聋人（包括先天和后天），他们地域分布分散，虽为语言少数群体，但不在《历史语言少数群体保护框架》的保护范围之内。近些年，意大利加强了对不同国家的手语的研究，从少数群体语言的角度将手语视作功能完善的自然语言。

意大利聋人群体尤其是意大利聋人协会（Enti nazionali sordi），多年来呼吁出台有利于聋人融入主流社会的语言政策，希望允许聋人根据个人情况自由选择交流方式。意大利国内的许多组织机构也积极维护聋人的语言权利，包括RAI、意大利经济发展部、国家大学委员会等。然而，意大利至今缺乏关于聋人的统一的语言政策。意大利语手语存在地区差异但不影响沟通。2017年10月3日，意大利议会通过了第302条法令，落实了联合国 2006 年通过的《残疾人权利公约》（Convention on the Rights of Persons with Disabilities），认可了意大利语手语的法律地位，规定了一系列帮助聋人克服沟通障碍、融入主流社会的措施，包括在小学和初中教授意大利语手语，在高中和大学使用意大利语手语翻译，在与公共行政机关和地方机构相关的事务及民事和刑事司法程序中使用意大利语手语。

3.4.4.2 意大利盲文与和谐生活

盲文体系、视障人群生活与教育协助机构是否健全，能够从侧面反映国家无障碍设施建设的完善程度以及国家人文关怀程度。意大利的现行盲文采用意大利语字母表，与布莱叶法语盲文较为相似，部分字母点阵有所区别。

意大利国内设有专门保护视障人群权益的非营利组织，即 1970 年 6 月 2 日在米兰成立的意大利国家视障协会（L'Associazione Nazionale Subvedenti），该组织如今还活跃于与视障人群利益保护相关的各领域，特别是无障碍教育推行、信息化建设和视障人群辅助科技产品研发等。在推进无障碍教育上，协会积极参与国际合作，如参与欧盟"达·芬奇计划"的"机器布莱叶"（RoboBraille）子项目，在意大利语学校中推广免费有声书教材 TTS，为丹麦国家儿童青少年视障中心研发的 RoboBraille 文档转录公益项目（包括盲文、有声读物转录）提供资助等。此外，协会积极扩展其社会职能，如在 2015 年米兰世博会上，与米兰旅游局合作完成城区中部分语音导览。

另外，意大利国内有多家盲文出版社。国内仅有的一家公立盲文出版社位于佛罗伦萨，为整个佛罗伦萨大区的盲人提供课本盲文转写，并为全国其他大区提供盲文图书样品。自 1924 年开始，大区法令强制要求该出版社为盲人学生提供特殊学校教育。西西里的卡塔尼亚盲文出版社独具特色，该出版社有四份盲文报刊，分别是《盲人日报》（Corriere Braille）、《一月报》（Gennariello）、《进步报》（Il Progresso）和《我们的声音》

（*Voce Nostra*），刊物还附有语音辅助材料帮助盲人进行阅读。卡塔尼亚盲文出版社于 1978 年通过大区第 52 条法令设立，如今平均每年约为全大区有视力障碍的学生免费发放 3,000 份课本，其中除了传统盲文书以外还包括大字本，以及有声书、合成电子书、盲文电子书等无障碍电子资源。除承担一般公益出版社职能外，该出版社还为博物馆、自然公园、公有和私营公司提供咨询和帮助，以及盲文、有声资源特供服务。如 2011 年该出版社响应"博物馆之夜"（La notte dei musei）活动，开设了"触觉博物馆""感官花园"和"暗吧"等视障文化体验馆，让公众能够接近、认识盲人生活以及盲人文化，增进社会理解与社会包容。

玛格丽特女王盲人图书馆是意大利最大的盲人图书馆之一，1928 年由意大利盲人联盟（l'Unione Italiana dei Ciechi）建立于热那亚。该图书馆历经了初期人工盲文誊写到 20 世纪 60 年代机器印刷的变化后，如今与时俱进地更新和改善了服务模式，目前图书馆可提供的服务包括书籍个性化服务（根据用户直接需求，免费完成书本转录）、课本转录、有声书电子化等。根据用户需求，图书馆还创新了如盲人谱曲等服务。此外，图书馆收集近几十年来的盲人教育、社会问题与研究成果，同国家盲人协助协会（Federazione Nazionale delle Istituzioni Pro Ciechi）和意大利国家盲人与视障人士联盟（Presidenza Nazionale dell'Unione Italiana dei Ciechi e degli Ipovedenti）协作，设立了盲人科技辅助文献中心（Centro di Documentazione Tiflologica），以及全国 16 家盲人信息科技教学咨询中心（Centri di Consulenza Tiflodidattica）等。

意大利国家盲人与视障人士联盟的前身是意大利盲人联盟。其目标是保障盲人、视障群体的人权与公民权利，倡议预防眼盲，加强合作促进盲人科技辅助、信息技术发展等。联盟设立的机构有贾尼·福伽国家法律文档资讯中心、国家有声书中心、国家盲人信息科技辅助中心、联合出版社、盲人就业促进社等。

3.5　意大利国家语言核心能力小结

从历史角度来看，与意大利众多的方言相比，意大利语的"标准语言"地位从未有过争议。从《意大利共和国宪法》第 6 条开始，意大利语言政策逐渐在意识上具备雏形，但尚未有中央出手的具体、细化政策，而中央语言政策的真正起步则滞后到了 20 世纪 90 年代。由于地方政治团体活动激烈，对于意大利语语言遗产的利用、保护的合理呼声不断高涨，国家逐渐开始重视一直被忽视的语言保护问题。

确立国家通用语的法律地位是普及和推广的前提。在立法层面，作为国家根本大法的《意大利共和国宪法》并未将意大利语确立为官方语言，仅有《历史语言少数群体保护框架》明文规定意大利语为"共和国的官方语言"。但在社会现实中，意大利语就是意大利国家通用语，90.4% 的意大利居民以意大利语为母语。在司法实践和议会实践中，意大利语作为官方语言的地位也毋庸置疑。在实践层面，国家通用语在意大利境内的普及和推广，其前提是扫盲运动和义务教育的普及，依托教育体系实现从上到下的制度性改革，呈现改革推进—颁布法令—各大区学校、各轮次教育贯通的执行过程。在教育改革普及通用语的过程中，处理方言与通用语的关系是重要议题。法西斯时期抵制方言、去外来语政策在一定程度上保证了意大利语的普及程度，但新时期的语言教育主要参照《关于民主语言教育的十点论纲》。现今意大利教育架构承袭 2003 年的"莫拉蒂改革"，对学生的通用语能力要求以文化战略轴线为基准，为幼儿园至高中以及继续教育阶段设置意大利语学习能力要求和目标。此外，以 RAI 为代表的广播电视媒体对通用语普及也起到了重要作用，新时期社交媒体和互联网语言的发展，推动了通用语本身不同语言风格和语体的分化。

意大利通用语使用规范主要依循文法和词典编纂两个维度，从中世纪起经历了漫长的发展统一历程。然而，意大利欠缺官方的国家机构或语言委员会统一规范语法及词汇，文法规定与词典编纂主体是语言学家和学术团体。在文法规定方面，主要以教学为目的的编纂受到编者团队个人意愿、所属学术流派的影响较大。词典学发展则经历了不断丰富的过程，由于意大利词典学发展深厚，不同类型的词典层出不穷。在意大利统一以前，意大利词典主要收录文学作品；统一后功能性词典逐渐出现，20世纪出版的《意大利语词典》《意大利语实用大词典》《特雷卡尼词典》《津加雷利词典》等百科综合大词典是共时上具有重要意义的词典，这些词典的编纂者主要为学者和学术机构。总之，词典出版受到政治因素的影响以及法律的限制，但缺乏国家层面的统一规划。

意大利语言和谐生活建设最重要的一项议题，是妥善处理国家通用语和少数群体语言之间的关系。从绩效力来看，意大利的语言多元主义在欧洲国家中首屈一指。意大利少数群体语言政策既随着社会现实的发展而改变，同时也受到不同历史阶段国家意识形态方针的影响。最初，出于民族国家稳定的需要，意大利强制推行同化主义；后来，转而促进语言多样性，保障文化上的言论自由。二战后，意大利对少数群体语言保护的意识逐渐加强，政策方面，主要有《意大利共和国宪法》《历史语言少数群体保护框架》和各大区宪章法令三个层次。宪法第6条专门规定了保护语言少数群体，20世纪70年代中期至90年代初，具有前瞻意识的大区陆续将少数群体语言保护纳入大区法律，在此过程中，欧洲议会和欧洲委员会为大区层面语言保护政策的制定和立法起到了重要的推动作用。直到1999年，意大利才在国家层面出台了语言保护法，从各方面对国家语言和谐生活的顺利开展提供了法律保障。此外，意大利也在政策上帮助外来移民学习意大利语，通过大区、地方机构、成人教育中心、第三产业组织等帮助移民融入主流社会，并保护外来移民使用母语的语言权利。此外，意大利议会和民间组织积极维护聋人和盲人使用通用语的权利，使手语和盲文使用群体融入社会文化教育生活，实现语言和谐生活的全面发展。

意大利对国家语言智能化建设尤其是语言资源的保护较为重视，这方面的探索可以追溯到20世纪50年代，并在自然语言处理研究、信息检索、机器翻译、语料库建设和语言资源保护等领域颇有建树。尤其是在自然语言处理领域，意大利形成了政府机构、大学、研究协会、基金会协同合作，私营企业奋力发展的局面。

综上所述，意大利国家语言核心能力建设总体上呈现出平衡国家通用语普及和方言、少数群体语言保护的趋势，但在不同维度上政府机构的参与程度和重视程度不同，主要推动群体仍为私营企业和学术团体。在新时期，意大利语言核心能力建设仍须推动的议题有：促进意大利语作为文化遗产的保护和弘扬，在法律层面确定其权威地位；保障各少数群体语言权利，并在少数群体及外来移民地区普及通用语；建立官方机构，统一意大利语语法、词汇规范，标准化不同场合的意大利语用法，并借助教育体系、广播电视、社交媒体进一步普及推广；国家层面开展不同主体、国家间交流合作，实现国家语言建设智能化、数字化，以更好地服务行政体系，保护语言资源。

第四章
当代意大利
国家语言战略能力建设

文秋芳（2019）对国家语言能力框架进行修订后指出，治理能力、核心能力和战略能力共同构成了一个稳定的三角形。其中，治理能力位于顶端，决定着其他两类能力的发展方向和效果；核心能力是战略能力发展的前提，处于优先位置；战略能力则对核心能力建设有促进作用。国家语言战略能力也涵盖四个维度：国家外语教育、国家通用语国际拓展、国家对外话语表述和国家语言人才资源掌控。国家语言战略能力的发展速度和质量与国家的综合国力和国际地位正相关，可由"覆盖面""科学性""影响度"三个方面作为评价指标。

就意大利而言，其国土安全、社会发展受诸多外在因素的制约，对欧洲大环境的依赖度较高。无论是从国家统一和发展的历史，还是语言形成的过程来看，意大利都有其独特的建构方式，并在国家语言战略能力阐释方面有独特视角。

意大利是欧共体创始国之一，意大利语一直是欧盟的官方语言。意大利的语言政策和欧盟各规章制度的契合度极高，但在政策落实方面，意大利不免呈现出很多不尽如人意的短板。本章结合具体案例，从意大利外语教育体系整合分析和评价、意大利国家通用语国际拓展述评、意大利国家对外话语表述和意大利国家语言人才资源掌控等方面，对意大利国家语言战略能力进行阐述。

4.1 意大利国家外语教育

国家外语教育是国家教育体系优劣的重要评判指标之一。本节将结合具体案例和意大利外语教育政策，以"覆盖面""科学性""影响度"等三个方面作为评价指标，对意大利外语教育进行述评，探究意大利教育政策的实施现状及存在的问题，并结合我国外语教育实际，探寻教育政策的有效经验和启示。

4.1.1 义务教育阶段外语教育培养要求和考核

意大利十分重视学生外语能力的培养，从幼儿园阶段就开始注重儿童外语意识的培养，并在《指示》中建议幼儿教师和家长利用生活中的多语环境为儿童适时提供语言指导，使儿童在日常生活中逐渐认识到不同的声音、音调和含义，为第二语言的习得创造条件。

英语科目自 2003 年起成为意大利小学一年级必修课程。2013 年，《指示》规定小学英语学习阶段的教育目标为：学生小学毕业时达到《欧洲语言共同参考框架》A1 等级语言水平。同时要求，在之后的教育和培训系统中坚持英语教育的连贯性，以保证为每个学生提供至少达到 B1 等级的机会。此外，根据 2009 年第 81 号总统令第 14 条规定，所有初中学校必须开设英语课作为第一外语课程（周学时为 3 小时），并设置二外课程（周学时为 2 小时），具体语言可由学校委员会根据教师团队的建议决定，通常为德语、西班牙语或法语。全国教学大纲要求学生初中毕业时英语能力达到 A2 水平，二外达到 A1 水平。

针对普通高中、社会科学和经济社会方向的高中学生所提出的外语水平要求为，学生高中二年级结束后一外（通常为英语，少部分情况下也可以是其他语言）达到 B1 水平，高中毕业时达到 B2 水平，二外的最终要求为 B1 水平。根据 2010 年第 89 号总统令的要求，高中阶段单设的语言高中学生，要学习至少三门外语，并在第五年毕业时一外达到 B2 水平，二外和三外达到 B1 水平。学生所学语言不限于欧盟语言，一般公立语言高中学生可以选择阿拉伯语、汉语、希伯来语、法语、日语、俄语、斯洛文尼亚语、西班牙语和德语，各学校具体教授的语言有所不同。

无论是初中毕业考试还是高中毕业考试，外语均作为三门必考科目之一，用以检测学生对外语知识的掌握，即重点考查学生的外语理解能力和应用能力。

第一阶段教育结束后，学校以书面考试的形式考查学生的一外、二外（非必修，利用二外时间来加强英语或意大利语学习的学生无须参加二外考试）、意大利语和数学能力。第二阶段教育结束后，在进入大学前，意大利高中生须参加意大利国考，部分高中生须参加相应的外语水平能力测试。意大利国考由笔试和口试两个部分构成。笔试包括：（1）历史、社会、文学或艺术文本分析，旨在考查学生的阅读理解能力；（2）对问题进行书面阐述，旨在考查学生的归纳总结能力和表达能力。

在外语考试方面，除现代外语，文科高中主要考查拉丁语和古希腊语，理科高中考查拉丁语，语言高中的考试语种每年不尽相同，由教育部部长根据当年的具体法令确定。外语口试由各学科教师组成考试委员会对学生进行考查，由于考查内容与 CLIL 教学法的要求相适应，因此考官中一般须包括持有 CLIL 认证的教师。要求学生能够使用外语尽可能叙述整个学习过程中包括历史、科学与数学在内的各科目知识。由于全球新冠肺炎疫情的影响，2020—2021 年的意大利外语国考取消了笔试项目，仅保留口试。

4.1.2　高校外语专业开设与人才资源掌控

4.1.2.1　高校外语人才培养要求

意大利高等学府对于课程设置享有较高的自由度，外语学习的学时并未像义务教育阶段有明确限定，但规定学生毕业时须通过相关外语考试。教育部 2004 年 10 月 22 日提出的第 270 号法令第 7 条"学位获得要求"中提到，"本科毕业要求获得 180 学分，其中包含对意大利语的学习及其他欧盟国家一门外语的学习，但此外语不包括受专门法律保护的少数语言，语言能力的认证遵循各高校的教学规定"。在第 10 条"资质培养目标与活动"第 4 点中也提到，"学习课程应该包含除意大利语外的一门外语，并纳入期末考核"。至少一门外语学习的要求不仅适用于意大利综合性大学教育系统，还适用于意大利高等艺术教育系统。

意大利高等教育针对不同方向的学生具有不同的外语培养目标。第 270 号法令规定，文学方向学生须完全掌握至少一门欧盟国家外语的书写和口语表达能力。但该法令并没有对语言水平的具体程度做出规定，甚至没有和《欧洲语言共同参考框架》挂钩，而只有"完全掌握"的模糊要求。科学技术与化学、信息技术、自然环境科技方向的学生需要在口语和书写上有效使用至少一门欧盟国家外语，能够适应特定情景需求，进行一般的信息交流。这里对于学生外语能力的要求是"有效使用"，该定义也较为模糊，但能够看出强调的是培养学生适应工作环境需求的外语应用能力。而对于第三类经济科学、企业管理方向的学生，要求"具有欧盟国家两门外语的口语表达和书写能力"，显然对于这类学生，更多关注的是其多语能力。

4.1.2.2 高校外语专业开设案例

1）都灵大学

都灵大学始建于 1404 年，是意大利最古老、规模最大的大学之一，以基础学科研究见长，其经济学与工商管理专业在欧洲大陆享有盛誉，学科建设完备，致力于培养适应国际环境的高素质人才。都灵大学设有外国语言文学院，2020—2021 学年开设的语种与文学研究方向详见表 4.1。

表 4.1 都灵大学外语专业课程（2020—2021 学年）[1]

类别	本科	硕士
阿拉伯语语言文学	语言与当代文学、国际旅游交流	当代语言文学、翻译
波兰语语言文学	语言与当代文学、科技语言翻译	语言与当代文学、翻译
德语语言文学	语言与当代文学、旅游语言文化	语言与当代文学
俄语语言文学	语言与当代文学、科技语言翻译	语言与当代文学、翻译
法语语言文学	翻译、旅游语言文化、科技语言翻译	翻译、语言与当代文学、国际旅游交流
加泰罗尼亚语语言文学	翻译、旅游语言文化、科技语言翻译	语言与当代文学、国际旅游交流、翻译
罗马尼亚语语言文学	语言与当代文学、科技语言翻译	语言与当代文学
葡萄牙语语言文学	翻译、旅游语言文化、科技语言翻译	语言与当代文学
日语语言文学	语言与当代文学	国际旅游交流
塞尔维亚语－克罗地亚语语言文学	语言与当代文学、科技语言翻译	语言与当代文学
西班牙裔美国文学		语言与当代文学
西班牙语语言文学	翻译、旅游语言文化、科技语言翻译	语言与当代文学
英美语言文学		语言与当代文学
英语语言文学	语言与当代文学、科技语言翻译、旅游语言文化	语言与当代文学、翻译、国际旅游交流
中国语言文学	语言与当代文学	

---

1 资料来源：https://www.dipartimentolingue.unito.it/do/home.pl/View?doc=/didattica/corsi_di_studio.htm（2021 年 8 月 12 日读取）。

2）罗马大学

罗马大学建立于 1303 年，是意大利最知名、最古老的大学之一，又称为罗马智慧大学或罗马一大，该大学注册学生人数为全欧洲大学之最。罗马大学设有文学与哲学学院，开设语言文化、文学翻译等本科课程，培养周期为三年，旨在提升学生基本文化素养、语言文学素养，提高跨文化交际能力。本科三年期间，学生需要同时完成培养方向所涉语言中两门语言课程的学习，每门语言及相关文学课程为 54 个总学分。对于东方语言文化方向的学生，学院分本科、硕士开设课程，除语言社会通识文化、对象国区域历史外，还教授语言学翻译专业课程。本科阶段一般用意大利语授课，硕士培养多为英意双语授课，同时加入宗教哲学、古典语文学、当代艺术、东方建筑、社科历史等课程。

3）博洛尼亚大学

博洛尼亚大学设有语言文学和当代文化、翻译口译学院，本科阶段开设外国语言文学、跨文化翻译、地中海亚非语言文化与市场等课程，硕士阶段开设口译、语言社会文化交流、当代文学和后殖民时代文学与比较文学、对外意大利语、专业翻译等课程。本科阶段基本遵循统一培养计划，细微差别主要体现在语言种类选择和补充科目上。通常而言，学生大一学年主要学习一外（一般为包括英语在内的一门欧盟国家语言）、语言学理论、文学历史等基础知识；大二学年开始加入二外的学习，两门外语均有对应的学分要求；大三学年学生选择具体研究方向，如语言文学、社会科学、历史艺术等。硕士课程主要涉及多语教学的口译课程，同时教授口译语言学、方法论、口语技巧与强化训练课程。2020—2021 学年外语专业语种详见表 4.2。

表 4.2 博洛尼亚大学外语专业课程（2020—2021 学年）

本科培养计划中包含语种	硕士口译培养
芬兰语	法意互译
英语	英意互译
尼德兰语	俄意互译
葡萄牙语	西意互译
俄语	德意互译
德语	葡萄牙语高级课程
法语	
波兰语	
西班牙语	
阿拉伯语	
汉语	
日语	
匈牙利语	
加泰罗尼亚语	
波斯语	
阿尔巴尼亚语	
巴斯克语	
拉丁语（文学）	
爱沙尼亚语 *	
冰岛语 *	
纳瓦特尔语 *	

注：* 号标注属于语言学习导论教学活动，非常设学科，部分学年会开设相应语种，部分学年只开设语言学习导论教学活动，学生可选择参与教学活动以兑换学分。

4.1.2.3　高校外语专业开设特色与新风向

近十年来，意大利一些大学开始尝试将信息技术引入语言与翻译课程中，陆续开设语言实验室，支持将计算机科学、信息检索技术与翻译理论结合，在翻译教学过程中重视语料库、翻译记忆库建设。部分大学还与欧盟机构、社会翻译组织、机器翻译公司合作，推动翻译技术发展。博洛尼亚大学的语言文学翻译系和的里雅斯特大学的现代语言翻译与口译系是意大利培养翻译人才的两个主要中心，两所学校都提供翻译专业硕士培训课程。

1）博洛尼亚大学

博洛尼亚大学语言文学翻译系下设两年制翻译硕士专业，采用英文授课，课程框架涵盖机器翻译与机辅翻译理论与实践，重视计算机技术在翻译中的应用。硕士课程第一年必修课分为"翻译理论与实践""翻译语言学""翻译技术"3个模块，总共7门课，每门课5个学分。翻译语言学模块的语料库语言学，翻译技术模块的机辅翻译与网站本地化、机器翻译与编辑、术语学和资料勘探，选修模块中的计算语言学等课程都是对信息化与智能化应用的有益尝试。

2）的里雅斯特大学

的里雅斯特大学现代语言翻译与口译系于1953年成立，前身为现代语言口笔译高级学校，是欧洲最早一批加入欧洲会议口译硕士计划、欧洲笔译硕士协会的成员之一，在意大利社会投资研究中心组织开展的2020—2021年教学质量排名中位列第二，仅次于博洛尼亚大学。该系两年制硕士学位下设有专业笔译和口译学位，三年制学位下设有跨语言应用与交流学位，前者将"口笔译工具与资源""口笔译高级技术"列为必修课，后者将"计算机科学在翻译中的应用"列为必修课。

4.1.3　汉语教育

中国和意大利的人文交流具有深厚的历史底蕴。意大利是欧洲汉学的发源地，其历史可以追溯到13世纪的马可·波罗（Marco Polo）。16世纪，两国的文化关系在各种交流中不断加深，汉语则成为当时意大利如罗明坚（Michele Ruggieri）、利玛窦（Matteo Ricci）等一批传教士将西方的科技与艺术带入中国的重要载体。意大利正式开展汉语教育的历史始于 18 世纪，当时意大利神父马国贤（Matteo Ripa）在那不勒斯创立"圣家书院"，以招收中国留学生为主，故又名"中国书院"。

尽管意大利是欧洲开展汉语教育最早的国家之一，但是在 1970 年中意正式建立外交关系以前，受政治、经济等因素影响意大利汉语教育基本处于停滞状态。中意正式建交后，意大利汉语教育缓慢恢复。步入 21 世纪后，在两国关系友好的大环境下，中意在人文经贸合作方面取得了较大成果。随着中国经济的高速发展和国际地位的逐步提升，汉语教育在意大利的影响逐渐增强，许多学校都开设了汉语课堂，而每个地区的孔子学院为意大利的汉语教育起到了领头、推动的作用。如今，汉语已经成为意大利商业、服务业的第二大语种和学习人数增长最快的语种，意大利的汉语教育在"汉语热"的驱动下呈现出广泛化、基础化的特点。意大利汉学家廖内洛·兰乔蒂（Lionello Lanciotti）1994 年曾在《中国世界》（*Mondo Cinese*）杂志中提出，"第二次世界大战结束后，想学习汉语的人只有两个可能性：第一个是去罗马大学；第二个是去欧洲最古老的汉学中心，那不勒斯东方大学"。当时全意大利的汉语教师只有 15 名，而目前意大利有40 多所大学设立了汉语课，学生数量超过 6,000 名，其中 24 所早在 2000年就开启了汉语课程，可见意大利汉语教育在近二十年来发展速度较快，汉语影响在意大利逐渐广泛化。据 2012 年意大利教育、大学与研究部统计，有一万多名意大利人在学习汉语，且学生人数还在不断增长。

罗马大学、威尼斯大学、那不勒斯东方大学和米兰国立大学在汉语教育上是四所十分具有代表性的大学，而且它们的孔子学院都是意大利HSK 汉语水平考试的官方考点。四所大学学分要求与语言能力要求不尽相同，必修选修分布以及开设对象也有所不同（见表 4.3、表 4.4）。本科阶段一般要求学生关注语法、汉字和口语，掌握汉语语言知识，并通过应用知识加深对中国社会文化的理解，能够在实际交流中用汉语表达观点。此外，学校还提供汉语文学课程，在跨文化视角下加深学生对中国社会、历史的理解。而研究生阶段则更为深入，涉及对中国古代汉语和文化经典的研读。通常各学校对学生入学时语言能力都有要求，部分大学还对结课时的语言能力有相关规定。本科和研究生阶段语言能力考核方式均由口试和笔试组成，汉语文学考试必修课由笔试组成，选修课由口试组成。

表 4.3　四所大学本科三年汉语课程设置情况

	汉语语言课程学分（三年）	汉语文学课程学分（前两年）	语言等级能力要求	开设对象
罗马大学	36	6o+6f	HSK4	汉语专业（东方语言文化专业方向）
米兰国立大学	27f	18f	理解汉语语法	语言文化（经济、法律与社会）专业选修课
威尼斯大学	60	12	HSK3	亚非语言、文化和社会专业
那不勒斯东方大学	24	16*	HSK 中高级	东方与非洲语言和文化专业

注：o 表示必修（obbligatorio），f 表示选修（facoltativo）；* 那不勒斯东方大学课程设置在第一年和第三年。

表 4.4　四所大学研究生两年汉语课程设置情况

	汉语课程学分		语言等级能力要求	开设对象
罗马大学	24	12f	入学 HSK3	汉语专业（东方语言文化专业方向）
米兰国立大学	18f		HSK4	语言文化（经济、法律与社会）专业选修课
威尼斯大学	30	6	入学 HSK3	亚非语言、文化和社会专业
那不勒斯东方大学	24	8	入学 HSK 中高级，最终 HSK5	东方与非洲语言和文化专业

意大利大学的汉语教育除了具有意大利整个教育体系体现的广泛化、基础化特点以外，还呈现出专业化、学科化特点。汉语教育并不局限于语言知识技能培训，而是在往"汉学"或"中国学"的方向转变。除以上提到的情况外，米兰国立大学还开设专业翻译课程，威尼斯大学本科阶段开设实践与理论相结合的经贸汉语课程。

在中学汉语教育方面，2006 年汉语正式被纳入意大利高中三外，2008 年意大利教育、大学与研究部宣布把汉语纳入语言高中毕业笔试科目选项。以上两个时间节点是意大利中学汉语教育的重要里程碑，从此汉语教育呈现出不断基础化的特点。但意大利各高中汉语教学发展并不均衡，开设汉语教学的学校多数分布在意大利中北部地区。究其原因，在于意大利汉语课堂的开设一般不来自政府政策，而是来自学校、家长、学生、社会专业人士和包括孔子学院在内的各协会的要求，而且各大区对汉语课程的形式要求皆有不同。2016 年 9 月，意大利教育、大学与研究部发布《高中汉语教学大纲》，标志着汉语教育正式被纳入意大利国民教育体系。该大纲对汉语学习的各方面进行了科学的设计安排，目标定位是能够使零基础的汉语学生高中毕业时能达到 HSK4—5 级水平。随之而来的还有对意大利高中汉语教师师资重视程度的提高。2016 年，意大利将汉语师资纳入国家招聘中。2017 年，意大利开设中国语言相关课程的高中已经达到 279 所，且中小学学习汉语的毕业生人数还在迅速增长，汉语逐渐从选修课程转移到正式课程中来。无论是在学习还是教学方面，汉语在意大利的重要性都在不断提高。

孔子学院为意大利汉语教育的迅速发展起到了孵化器和助推器的积极作用。2006 年 9 月 29 日，意大利第一所孔子学院于罗马大学建立，此后蓬勃发展并成为欧洲注册学生人数最多的孔子学院。2016 年 4 月 29 日，罗马大学孔子学院和位于撒丁岛首府的卡利亚里大学合作共建了卡利亚里孔子课堂；该课堂的建立，标志着汉语教育已经进入意大利行政大区全面覆盖的阶段。除了高等教育外，孔子学院还积极推动意大利基础教育阶段的汉语教学，为当地中小学提供汉语教学的各种教材，开展丰富多彩的课外活动。

截至 2018 年年底，已经有 12 所孔子学院和 43 个孔子课堂在意大利落地运营，总数位居世界第 4，全欧洲第 2，意大利也成为欧洲参加 HSK 考试考生人数最多的国家之一。2019 年 3 月 23 日，意大利与中国签署了共同推进"一带一路"建设的谅解备忘录，中意全面合作伙伴关系不断深化，为意大利的汉语学习、汉语教育的持续广泛化和基础化创造了良好的条件。

4.1.4　意大利外语教育特点与不足

4.1.4.1　外语教育的科学性

意大利外语教育政策的制定紧跟欧盟步伐，在充分利用欧盟提供的外语教育便利之余，结合本国实际，提出本土化建议。意大利还非常重视语言学习的承续性发展，已基本形成了系统涵盖小学、初中、高中以及高等教育的连贯性外语教育体系。在国际合作与交流方面，意大利尽可能吸收先进的教学方法和思路，充分利用国际合作资源。以下几个方面，较为符合外语人才培养的"科学性"要求。

1) 借鉴经验，利用资源，紧跟欧盟步伐

欧盟的语言教育政策对意大利国家外语教育具有重要的影响，很大程度上，意大利国家外语教育培养旨在适应欧盟提出的框架。2002 年巴塞罗那欧洲首脑会议将"母语 + 两门外语"（M+2）确定为联盟公民的外语学习目标，随后欧盟发布了多个促进外语学习的文件和计划。2003 年，意大利便因势乘便从立法的角度规范国家外语教育。20 世纪末，欧盟提出了 CLIL 教学法理念，提倡以一门外语教授一门非语言学科，将学科内容学习和语言知识学习结合起来，以建立不同语言背景下的知识理解结构，培养学生口头交际和文化交流能力。基于此理念，2015 年意大利在优质教育计划中明确规定，学校的优先教育目标之一是通过使用 CLIL 教学法，优化和提高学生的综合语言技能，特别是意大利语、英语以及欧盟其他语言的运用能力。20 世纪八九十年代，欧盟陆续开设了"苏格拉底计划"和"达·芬奇计划"两个项目。苏格拉底计划内容丰富，有面向学生交流、提高师资水平的高等教育交流"伊拉斯谟计划"以及"伊拉斯谟世界计划"（两个计划从 2014 年开始合并为 Erasmus+），有面向欧盟横向联合的"语言学习计划"（Programma Lingua）（文秋芳 2019）。

两个项目对意大利外语教育起到了极大的支持作用。据统计，自 1987 年"伊拉斯谟计划"开始实施至 2019 年，约 50 万名意大利学生和 264 所意大利高校参与其中，学生平均年龄为 23 岁，交换对象国主要为西班牙、法国、德国、英国和葡萄牙，平均交换期为 6 个月。该项目综合性强，覆盖了欧盟教育从幼儿到成人的不同阶段，项目的开展对推动各类教育工作、促进和普及欧盟语言知识、加强教育合作与教学人员流动起到了积极作用。

2）因地制宜，合理规划，创新顶层设计

在将欧盟的外语教育理念融入本国教育政策体系的同时，意大利还适时推出了一系列具有本国特色的创新型教育政策。意大利教育、大学与研究部于 1997 年推出了"多语千禧年计划"（Progetto Lingue 2000），项目基于欧盟语言要求，尝试教学模式创新，理论结合实践，通过在意大利各级学校开展语言教学实验项目，将多语理念引入学校教育，并扩展外语教育资源。该项目对外语教育方法与要求也进行了细化，将以下几个方面作为其核心标准:（1）打造同质化班级和 15—20 名学生的小班教学;（2）规定年度总学习时长，并划分为短期模块教学;（3）将新技术运用于外语教育。项目建议学校向学生提供获得国际组织认可的语言证书的机会。

另一个重要创新是教育、大学与研究部 2007 年第 139 号法令提出的本国四条文化战略轴线的发展规划。四条轴线中第一条是语言轴线，其他三条分别为数学轴线、科学技术轴线和社会历史轴线。四条文化战略轴线相互交错，从纵横两个维度对文化建设进行了立体的构建。其中，语言轴线的具体要求为:（1）加强对通用语（意大利语）的深层次掌握能力及输入、输出能力;（2）熟练掌握至少一门外语;（3）加强对艺术、文学等非语言表达形式素养的培养;（4）充分利用多媒体信息技术语言。语言轴线的意义在于，将通用语、外语、非常规语言表达形式和多媒体语言形式放在同等重要地位进行全方位规划。其中，掌握通用语是一切沟通交流的关键前提；熟练使用一门外语有助于本国人民在多元文化背景下理解他国文化，促进学习和工作交流；对艺术、文学等语言表达形式的了解有助于激发个人的反思意识和创新意识，提高文化遗产保护的敏感性，促进公民对文化遗产价值的认知；多媒体信息技术的学习有助于丰富个人知识和学习手段、交流途径、创新表达方法。语言轴线是在欧盟外语教育政策基础上的创新，也是国家对外语人才要求的立体呈现；将语言技能要求延伸到文化应用层面，是意大利外语教育政策合理性的重要体现。然而，政策要求的落实仍然是意大利语言教育面临的一大挑战。

3）连贯标准，精确培养，找准人才定位

意大利全国教育大纲对义务教育阶段和高等教育的外语教育指导方针具有一致性和连贯性，具体体现在对第一阶段教育和第二阶段教育的外语学习科目、学习时长、考核指标的考量和细则制定方面。

除此之外，教育部针对意大利语言高中的特色和学生特点，还分别制定了不同的培养目标和考核方法。在培养方式上，特别强调母语外教在外语培养中的作用，规定每学期至少有 33 小时母语外教课时。各语言高中的外语课程也各有特色，丰富多样，学生可以通过选择语言高中来选择进修语言的方向。通常而言，学生的一外、二外倾向于选择欧盟国家语言，三外的选择不局限于欧盟国家语言，但非欧盟国家语言的普及十分有限。

4.1.4.2　外语教育的不足

国家外语教育的覆盖面指一个国家"通过外语教育创造的语言人才种类能够涵盖多少国家、地区和领域"，也就是"涉及的语种数量有多少，能与世界上多少种语言进行直接沟通，能在多少领域内发挥功能"。影响度是指"国家投入资源培养出的外语人才能在国内外语言事务处理中产生多大的积极影响"（文秋芳 2019：65）。换句话说，外语教育是否为国家、为全人类的发展做出积极贡献，是评价其覆盖面和影响度的重要依据。尽管意大利从基础教育到高等教育都对外语教育做出了相关要求，体现了语言教育长期、连贯的培养目标和科学性，但从覆盖面和影响度这两个评价指标来看，意大利的外语教育仍存在较大问题，主要表现为：语言课程种类少，非英语语种的学习人数少，高端外语人才缺乏致使意大利在国际组织尤其是欧盟以外的国际组织中任职不足，政策制定初衷与具体落实结果之间存在落差等。

1）语种丰富但覆盖不均，多语拓展程度欠缺

近年来意大利对于多语教育的重视程度逐渐加强，一方面增加了所设语种，另一方面扩展了外语必修的年龄范围，覆盖的广度因此有所提升，但深度仍然有所欠缺。2017 年，欧盟教育研究组织欧律狄刻（Eurydice）出具的《欧洲学校多语教育关键数据》显示，2002—2016 年，意大利"必修一门外语"的要求实现了年龄跨度上的扩展，学生受教育年龄覆盖更广；并新增了"必修两门外语"的要求，实现了二外必修的从无到有。但就具体要求而言，由于起步较晚，二外必修覆盖年限较短（仅为 3 年），与欧盟其他国家（如卢森堡二外必修年限为 12 年）相比，目前尚存在较大差距。

从外语教育提供的语种来看，意大利所有小学、初中都要求提供英语教学，部分学校提供法语、德语和西班牙语教学。高中阶段多语种学习选择相对较多，部分学校除英语、德语、西班牙语等欧盟使用人数较多的语种外，还提供葡萄牙语、斯洛文尼亚语、现代希腊语、克罗地亚语等欧盟国家语种，以及俄语、汉语、阿拉伯语、日语、阿尔巴尼亚语、塞尔维亚语、现代希伯来语等非欧盟国家官方语言作为选择。

尽管意大利的外语学习覆盖年龄随着国际合作的加强而扩大，语种选择相对丰富，但相比英语与欧盟大语种而言，外语教育尤其是非欧盟国家的非通用语言倾斜资源相当有限，且学习人数也很少。大部分学生一外选择英语，二外选择也不超出欧盟语言范围。虽然语言高中学生学习三外，但语言高中在意大利高中体系中占比也较小，很难影响整个教育系统。据意大利教育部 2021 年公报显示，本学年意大利语言高中注册人数占总学生人数的 8.8%，且在这些语言高中（约 860 所）里，仅有不到 20 所学校

开设除汉语外的非欧盟语种。与之形成鲜明对照的是汉语课程在意大利非欧盟语种的学习中非常受欢迎，截至 2021 年 8 月，意大利开设汉语课程的高中已达到 279 所。

2）英语独大，影响力弱，多语教育效果不佳

欧洲统计局（Eurostat）对 2003—2012 年意大利义务教育阶段的外语教育调查结果显示，在多语教学方面，尽管意大利紧跟欧盟步伐并制定了相关的多语教育政策，但英语教育仍在外语教育中占绝对主导地位；就英语学习者占外语学习总人数比例来看，2003 年为 91.5%，2012 年上升到 96.8%。同时，学习两门及以上外语的学生比例在各教育阶段仍呈上升趋势。

然而，就英语的熟练程度而言，意大利在欧盟国家中的表现并不令人满意。据 2019 年英孚英语熟练度指标（EF English Proficiency Index）所示，意大利的国家英语能力仍处于"中等"熟练度水平，得分仅 547 分，在接受调查的 34 个欧洲国家中排名倒数第二。

从上述结果可以看出，尽管英语独大，但意大利的英语教学效果并不理想，这一结果与意大利英语教师的教学方法因循守旧不无关系。教育学者法拉赫纳兹·法兹（Farahnaz Faez）2011 年对意大利英语教育的在线调查结果显示，79.3% 的受访者认为意大利人有学习英语的动力（小学阶段为 75%，中学阶段为 67.8%，中学后阶段为 90%），但几乎所有受访者（92.6%）都同意或非常同意教学方法需要改进或进一步优化。

3）考核欠缺，掌控虚亏，政策落实效果不均

前文提到，意大利的小学英语教育注重自然启蒙，在教学模式上主要推行自然教学法，即从学习发音与音调模式开始，基于母语语言系统来学习新语言中的元素，之后再逐渐加以区别，以自然引入多语环境，这实际上对应的是欧盟自 20 世纪 70 年代以来的交际语言教学法（Communicative Language Teaching，简称 CLT）。该教学法重点强调学生的表达交流能力，不太重视语法，结果导致意大利外语教育考核标准更偏向于考查学生外语的流畅性而非准确性。因 CLT 教学法存在争议，故 2003 年意大利通过改

革引入了 CLIL 教学法。尽管新教学法的推广初衷和科学性毋庸置疑，但无论是在欧洲层面还是在意大利国家层面，都缺少对 CLIL 教师或学生具体语言能力的明确规定。CLIL 教学法作为 CLT 教学法的改进和补充，在理论上有更多可行之处，但在实际落实上，仍受到意大利区域发展不平衡和教学法缺乏标准规范的影响。2012 年，意大利学者埃米莉亚·迪马蒂诺（Emilia Di Martino）和布鲁纳·迪萨巴托（Bruna Di Sabato）就那不勒斯地区教师对 CLIL 的教学期望和伦巴第地区 CLIL 试点项目的实际教学效果调查研究的结果显示，在那不勒斯地区，尽管教育、大学与研究部对新教学法寄予了极高的期望，但大部分教师对改革持矛盾态度，一方面认为意大利需要发展更多的语言教育机会，另一方面又对具体的教学方法、培训和考核要求感到困惑；但伦巴第地区的调查结果积极很多，大多数教师都表示接受过专门的 CLIL 教学法培训，并能够积极使用该教学法进行教学（Di Martino & Di Sabato 2012）。

考核欠缺、掌控虚亏导致政策落实不理想的问题还可以从意大利高等教育的现状中得到印证。如前文所述，意大利教育部虽针对不同方向的高等教育学生设有不同的外语培养目标，对不同研究方向的学生的语言能力都提出了不同要求，但各类要求概念都较为模糊，通常以"完全掌握""有效使用""具有相关能力"等字眼提出。教育部初衷或是尽可能切合实际，培养学生不同水平的外语能力，但落实效果与计划之间存在较大差距，致使学生对政策的满意度和信任度不高，获得感较低。2012 年，帕尔马大学语言教育专家米歇尔·达洛伊索（Michele Daloiso）对非语言类专业的语言教学开展相关调查，收集了意大利各知名大学的相关数据，结果显示有 67% 的学生进入大学时没有达到官方的语言要求，或者没有接受相关语言能力认证，这同高中教育必修外语并进行考核的要求显然是不相符的（Daloiso & Balboni 2012）。

由此可见，意大利外语教育的影响力有限，与外语教育过程的随意性和缺乏有效的外语评估机制直接相关。

除此之外，意大利对于语言人才的掌控较为有限，缺乏规范、合理的语言人才资源普查手段，这也是外语教育改革缺乏活力、国家外语能力欠缺的一大原因。语言能力普查是掌控语言人才资源和提高外语教育影响力的重要手段，意大利现有的一些最重要的资源大部分源自欧盟（如欧盟教育调研组织欧律狄刻、欧洲统计局和民意调查机构欧洲晴雨表），但意大利本国缺乏与此相适应的调查和可靠数据，仅有国家统计局每五年一次的"公民闲暇时间调查"（L'indagine "I Cittadini e il tempo libero"），涉及公民外语学习的方面较少，且基本上流于形式，效果不佳。

以"覆盖面""科学性""影响度"为考量指标，结合意大利外语教育特点分析，可以看出，从科学性指标上看，意大利在外语教育人才培养方案方面，一直紧跟欧盟步伐，力求充分利用欧盟提供的外语教育资源，吸收先进的教学方法和思路，总体而言符合欧盟以及当前世界各国对外语人才的培养目标。但从覆盖面和影响度的维度来看，意大利较为落后。

4.2　意大利国家通用语的国际拓展

对意大利对外语言政策的研究和探讨，是一个多维度问题，其中既涉及向外国人推广、传播意大利文化，也包括如何增强海外意大利人与母国的文化联系。在分析意大利语对外推广与传播战略及其效果时，既要关注意大利在语言推广与传播方面采取的措施，考虑海外意大利人社区在意大利语推广与传播方面的影响，也需要考虑各对象国的语言政策以及对象国对此做出的回应。

在意大利统一后的一个世纪内，其国内通用语的推行并非一蹴而就。缺乏完善的对内语言政策，明确的意大利语对外推广与传播战略也是无源之水。意大利迄今没有官方的语言标准化机构，不存在国家教育主管部门认证的、在教学上广泛推行的权威语法。尽管有处理意大利语语言问题的工作组和组织，但是并没有官方承认的意大利语推广机构。在非官方或半官方的意大利语海外传播机构中，秕糠学会和但丁协会较有代表性。

秕糠学会的目标是在意大利和海外传播本国语言的历史知识，以辩证的角度看待本国语言在当代世界语言交流中的发展。学会分为四个科学研究中心：意大利语言学研究中心、意大利词典学研究中心、意大利语法研究中心和语言咨询中心。秕糠学会支持科学活动，培养语言研究人才，传播意大利语的历史知识，对意大利语具有重大影响。但是，它并不是一个具有立法职能的语言机构。近年来，秕糠学会一直在尝试扩大自己的职能，希望能够促成建立有政府职能的意大利语高级委员会（Consiglio superiore della lingua italiana）并被纳入其中。有关该委员会成立的议案从2001年被反复提交，但至今仍未获得通过。

但丁协会是另一家专门从事意大利语教学和认证的机构，该协会资助学校、图书馆、俱乐部、意大利语言和文化课程，设立奖项和奖学金，出版书籍并组织会议。此外，它还拥有世界著名的意大利语语言水平测试 PLIDA。但丁协会不推广少数群体语言，它们的宣传和保护被委托给讲这些少数群体语言的地区。

本节首先简要介绍意大利语的国际地位；随后介绍海外意大利学校体系，这些学校遍布世界各地，独立于意大利国内学校体系，对意大利语的国际拓展意义重大；最后梳理意大利外交与国际合作部主导的国家通用语国际拓展政策，以及近年来意大利国家通用语国际拓展的新发展，设立的语言推广机构，开展的相关项目和活动。

4.2.1 意大利语的国际地位概况

国家通用语国际拓展是国家语言战略能力的一部分，是指政府能否在国际上有效提升国家通用语的地位并达到预期效果。意大利国家通用语国际拓展政策的战略决策和施行效果受到多方面因素的影响，包括对象国与意大利的外交关系、对象国的语言政策、移民政策、识字扫盲政策和种族融合政策等。例如，1917 年美国的《教化法案》（Literacy Act）禁止不识字的外来移民进入美国，这一举措刺激了意大利国内的识字扫盲运动。与之类似，20 世纪七八十年代，澳大利亚文化政策发生转变，从原本的同化主义政策逐渐转向多元文化政策，更加关注移民群体的语言权利；伴随着澳大利亚的这一转变，意大利政府对面向澳大利亚开展文化传播产生了兴趣。因此，对意大利国家通用语国际拓展政策的研究，须综合考虑意大利的对外语言政策、对象国的语言政策以及海外意大利人社区所在地的语言政策。

意大利语是当今世界学习者人数最多的语言之一，全世界有超过 200 万人在各类机构（海外意大利学校、外国学校和大学、意大利文化中心、但丁协会和其他私立机构）学习意大利语。根据意大利外交与国际合作部 2019 年 10 月 9 日公布的统计报告，截至 2017—2018 学年，全世界有 115 个国家总计 2,119,401 人在学习意大利语。其中中国的意大利语学习者人数达到 10,520 人，在所有国家中位居第 29 位。

世界意大利语发展状况大会的统计数据显示，2017—2018 学年，意大利语学习者人数在经历多年增长后首次出现了轻微的下滑，同比下降 1.2%。世界意大利语发展状况报告认为，造成这一变化的原因可能与统计方法有关：一方面，统计方法得到改进，意大利语学习者人数的统计结果更为准确，最大限度地避免了重复计算的问题；另一方面，调查统计时一些国家不如以往配合，提供的确切数据较少，统计较多采用保守的估算数据。

总体而言，全球意大利语学习者总数略有下降；但在不同地区，意大利语学习者人数变化趋势不尽相同，意大利语的国际拓展存在显著的国别差异。数据表明，在一些传统上意大利人海外社区较发达的国家，意大利语学习者人数有所减少，其中北美洲、拉丁美洲和欧盟国家分别同比下降了 15.85%、12.40% 和 2.21%；相反，撒哈拉以南非洲（+10.48%）、巴尔干地区和非欧盟的欧洲国家（+11.56%）意大利语学习者人数则有所增长。意大利的国际拓展政策在不同国家和地区的力度不同，或是产生国别差异的原因。

4.2.2　意大利语的国际地位拓展

4.2.2.1　海外意大利学校

如今，海外意大利学校遍布世界各地，是意大利国家通用语国际拓展政策的重要资源，也承担着维系意大利海外移民子女、意大利裔海外移民文化身份认同的重要使命。在意大利对外政策的指导下，海外意大利学校与当地的意大利驻外使领馆密切配合，举办各类活动，进行意大利文化推广。长期来看，这些学校在世界各地的活动为意大利带来了文化、政治和经济领域的积极影响。

如今，约有 30,000 名学生就读于海外意大利学校。根据意大利外交与国际合作部提供的数据，就读于海外意大利学校（从托儿所到高中）的学生数量在 2007 年约为 32,000 名，在 2012—2013 学年为 32,615 名，在 2014—2015 学年为 28,852 名。2007 年，依据第 153 号法令建立的语言文化课程的注册学生数量超过 50 万名；然而，由于国家在这一领域的财政资助减少，此后学习这些课程的学生数量显著减少：2012—2013 学年学生数量为 297,056 名，2014—2015 学年为 264,099 名。

海外意大利学校覆盖不同的教育阶段，包括幼儿园、小学、初中和高中。从类型和分布上看，现有 8 所国立一贯制学校（istituti statali omnicomprensivi），分别位于亚的斯亚贝巴、阿斯马拉、雅典、巴塞罗那、伊斯坦布尔、马德里、巴黎和苏黎世；42 所纳入国家教育的私立学校（颁发与公立学校具有同等法律效力的资格证书），主要为一贯制学校，分布于世界各地，包括欧洲、撒哈拉以南非洲、地中海和中东地区、美洲、亚洲和大洋洲；7 所欧洲学校的意大利部，其中 3 个位于布鲁塞尔，其余分别位于卢森堡、法兰克福、慕尼黑和瓦雷泽；79 所外国学校、双语学校或国际学校的意大利部，其中 63 个位于欧盟境内，13 个位于非欧盟国家，美洲 1 个，亚洲和大洋洲各 1 个；2 所普通私立学校，分别位于伊兹密尔和巴塞尔。这些海外意大利学校与 2017 年第 64 号法令第 10 条规定的其他海外语言文化教育培训、意大利外交与国际合作部官方派遣外教项目一道，构成了意大利语言政策的海外教育体系。

从师资配备来看，意大利外交与国际合作部 2019—2020 学年的师资编制包括：教师 607 名（国立学校 210 名，纳入国家教育体系的私立学校 30 名，外国学校、双语学校或国际学校的意大利部 94 名，混合教席 3 名，各类课程 143 名，官方派遣外教 127 名），学校领导人员 46 名（国立学校 8 名，各使领馆 38 名），以及行政人员 21 名（国立学校 8 名，各类课程 13 名）。欧洲学校另有意大利语教师编制 116 名。上述各类学校学生人数总计约 30,000 名，其中外籍学生比例很高。

2015 年颁布的意大利学校改革法规定，意大利教育、大学与研究部和意大利外交与国际合作部应密切合作，推行海外学校的改组。为了具体落实相关改革，意大利出台了针对海外意大利学校的政策方针。2017 年，意大利颁布了第 64 号法令，将意大利语的国际拓展纳入涵盖更多欧洲语言文化实体的宏观战略之中，向意大利的海外教育体系提出了新的要求，即在欧洲价值体系下，在国外进行意大利语言和文化的国际传播与推广。2018 年颁布的第 634 号法令又对海外学校进行了一系列重大革新，提出让海外意大利学校逐步接近意大利国内学校。例如，该法第 18 条规定，在海外意大利学校引入强化教师制度；第 24 条规定，将海外学校的教师任期由 9 年延长至 12 年，其中有 6 年时间是在意大利国内，以使海外教师充分接触国内教学体系。

海外意大利学校由意大利外交与国际合作部国家体制宣传司五处管理。该处主要负责管理海外的意大利国立和私立学校；管理考试委员会；管理外国学校、双语学校或国际学校的意大利部；决定在国外服务的学校员工队伍；管理国外学校工作人员和外教的招聘、管理和薪资事宜；管理为外交与国际合作部工作的教育部所属人员；与资源和创新事务司协同处理与海外学校工会组织的关系；管理对非公立学校以及外国学校等教育机构的资助；通过国外的意大利学校网络开展文化传播活动。

4.2.2.2 意大利国家通用语国际拓展政策

意大利外交与国际合作部是意大利国家通用语国际拓展政策的主管部门，长期以来，它还承担管理海外意大利人的职能。从文艺复兴时期开始，意大利文化繁荣，欧洲各国产生了学习意大利语的需求。意大利民族国家成立后，向海外输出了大量移民，这些海外移民在全世界范围内带来了学习意大利语的巨大需求，远远超过了此前意大利文化繁荣而带来的语言需求。

近年来，意大利语海外推广机构在意大利语推广战略上发生了较大转变。随着意大利文化和意式生活方式的国际影响力不断增强，意大利语也吸引了越来越多的语言学习者。在各机构开展语言文化推广活动的过程中，针对本地文化精英的活动与针对海外意大利移民社区的活动之间的界限逐渐被打破，它们相互交叉和融合。一方面，海外移民社区逐渐与东道国主流社会融合，文化上愈发呈现出多元、混合的特征；另一方面，外国人学习意大利语的需求日益增长，促使各机构开始考虑建立统一的框架，构建意大利语言文化推广战略的国家体系。

2000 年，意大利外交部于罗马组织了第一届世界意大利人大会（Conferenza degli italiani nel mondo）。会议期间，时任意大利总统卡洛·阿泽利奥·钱皮（Carlo Azeglio Ciampi）指出，海外的意大利人社区至今仍保持着充分的民族身份认同感，并向海外的意大利人强调了意大利身份认同的重要性。这次会议允许侨居海外的意大利公民参与投票选举，提高了海外意大利人传播意大利文化的能力。

从 2001 年开始，各推广机构愈发关注当地社会的多语现象。与此同时，意大利国家通用语国际拓展战略增强了大众媒体的宣传力度。意大利语言文化周（Settimana della lingua italiana nel mondo）是这一时期创设的一项重要的语言推广活动，2001 年由意大利外交部和秕糠学会合作设立，受意大利总统府年度主题基金的赞助开展。在海外活动的推广意大利语言和文化的各类机构（包括意大利文化中心、但丁协会、意大利驻外领事馆和大学里的意大利学教席）都参与了这一倡议，组织的活动逐渐丰富，近年组织的展演活动数量逾千。

经过长期的历史发展，国家通用语国际拓展现已成为意大利重要的语言政策工具，也在意大利外交政策中占据突出的地位。意大利外交部认为，意大利语是解读意大利文化的钥匙，学习和掌握意大利语有助于深入理解"意式生活"的真正内涵。意大利语在全世界传播的统计数据表明，出于对意大利丰富的文化艺术遗产的兴趣，超过 200 万名外国人选择学习意大利语。

2014 年，意大利外交部首次依托世界意大利语发展状况大会开展了意大利语在海外教学传播情况的普查，并不断优化数据的收集方式，在分析统计数据的基础上制定语言传播战略。运用详尽的普查数据，外交部得以精准地规划其驻外使领馆及各意大利文化中心的语言推广活动。外交部认为，近年来，意大利语与"意大利制造"的优质产品之间的联系愈发凸显。意大利语受到企业界的青睐，是全世界商标中第二常见的语言，其独特的魅力与意大利的许多优质产品是分不开的。

1）意大利文化中心

意大利外交部是意大利国家通用语国际拓展和文化海外推广最重要的政府机构，目前在全球共设立 83 个意大利文化中心。这些文化中心为知识分子、艺术家、身居海外的意大利人和对意大利充满兴趣的外国人，提供了解和学习意大利文化、进行跨文化交流的场所。

2）意大利语言文化课程

意大利文化中心向有兴趣学习意大利语的外国人提供付费的意大利语课程。这些课程由具备资质的教师授课，根据学生的意大利语水平制定课程内容。经过多年的发展，意大利语言文化课程已成为意大利语言传播战略的基本工具，助力意大利语从"移民的语言"转型成为"文化的语言"。这些课程分为两类，包括学校课程（面向幼儿园、小学和中学阶段的学生）和支持课程。世界各地的意大利使领馆与当地教育部门签署专门协定，让很多意大利语课程走进了当地学校的课堂。除此之外，但丁协会在世界各地设置的委员会也提供意大利语学习机会。

意大利外交部直接派遣有资质的文学和语言学教师，赴国外高校教授意大利语，并为之提供财政支持。意大利政府外派语言外教这一举措意义重大，全世界接受这些外教教学的学生人数超过 56,000 名；这些学生在高校专业学习意大利语言和文学，是意大利语言推广政策中具有战略意义的受众。

3）语言认证

根据欧盟委员会、欧洲议会和欧盟理事会确立的原则，欧洲语言认证被纳入"欧洲语言档案袋"（Portfolio Europeo delle Lingue），旨在评估公民的语言水平，促进沟通、流动和跨文化关系。语言认证体系有证明作用，可根据《欧洲语言共同参考框架》确定语言能力等级。

在作为外语的意大利语语言知识认证体系内，意大利成立了高质量的意大利语言能力认证（CLIQ）协会，包括四大认证机构：但丁协会、佩鲁贾外国人大学、锡耶纳外国人大学和罗马第三大学。意大利语言能力认证协会致力于意大利语作为第二语言的语言能力评估，根据欧盟委员会的《欧洲语言共同参考框架》，保障高质量的语言能力认证体系。

4）翻译、配音/配字幕和展会奖励机制

意大利外交部奖励意大利出版物在海外的翻译，以及意大利电影、电视剧的配音/配字幕工作，将其作为国家通用语国际拓展和文化海外推广的战略工具。提供的奖励包括两类：

（1）资助：资助从未在海外出版的意大利作品的翻译，从未在海外制片的意大利电影短片、长片及电视剧的配音/配字幕工作。

（2）奖项：奖励已经译介到海外的意大利作品。根据意大利外交部的规定，申请该奖项须由当地出版机构通过意大利驻其所在国的使领馆和文化中心提交，每年可以提交1—2次申请。意大利外交与国际合作部于2018年颁发了95项资助和3项奖项，于2019年颁发了96项资助和2项奖项。

在翻译奖励方面，意大利文化部每年都会颁发国家翻译奖。奖项提名的最后期限为每年 2 月的最后一个工作日。

2020 年，在新冠肺炎疫情影响下，意大利外交与国际合作部发放了意大利图书海外普及特别资助，为意大利出版行业的国际化注入了新动力，提升了意大利在海外出版市场上的影响力。意大利外交与国际合作部利用《意大利经济援助法案》所拨款项，向已购买意大利图书翻译权的外国出版社提供总计 40 万欧元的特别资助，每笔资助最高额度为 4,000 欧元（含增值税，如须缴纳），资助额度视作品页数而定。

在意大利设有办事处、拥有 ISBN 国际书号且在 2019 年出版至少 10 种出版物的出版社或出版团体，可向意大利外交与国际合作部申请资助。代表已经以纸质形式出版意大利语作品的意大利作者的文学社团和文学经纪人，也可向外交与国际合作部申请资助。

2020 年 10 月 20 日、26 日、30 日和 11 月 3 日，意大利图书海外普及特别资助评估委员会举行了远程会议。经委员会审核，决定发放资助 238 项。资助通过意大利海外使领馆和意大利文化中心发放，支持的意大利语图书外译语种超过 40 种。在入选作品中，漫画和童书这两类作品特别突出，在海外取得了很大成功。

除上述特别资助措施外，2020 年，外交与国际合作部国家体系促进司还在出版领域采取了多项举措，主要包括：向约 140 种图书的翻译提供共计超过 30 万欧元的常规资助；为海外意大利学校和意大利语言文化传播机构图书馆购置图书；加入了致力于在全世界推广意大利图书的门户网站 newitalianbooks。

5）世界意大利语言文化周

世界意大利语言文化周是由意大利外交部联合驻外使领馆和文化中心共同举办的意大利语言和文化推广活动，首创于 2001 年，通常在每年 10 月的第三周在全球同步推出。活动的主要组织方是世界各地的意大利使领馆和意大利文化中心，合作伙伴包括：意大利文化部、教育部等政府部门，秕糠学会、但丁协会等意大利语言推广机构，以及瑞士联邦政府。经过多年发展，世界意大利语言文化周现已成为全世界最重要的意大利语节庆活动之一。

每年的世界意大利语言文化周都有特定主题，作为系列讲座、展览和会议的线索。近年来，语言文化周特别关注意大利的文化创造力，尤其聚焦文化产业。2019 年第 19 届世界意大利语言文化周主题为"舞台上的意大利语"，在超过 100 个国家举办了约 900 场各类活动，涉及音乐、民歌、话剧、歌剧和音乐剧等多种舞台表演艺术。2015 年、2016 年和 2017 年语言文化周的主题分别为"意韵悦耳：意大利语与音乐""意大利语与创造力：品牌、时尚与设计""电影世界中的意大利语"。2018 年的语言文化周则探讨了意大利语和网络的关系。

2020 年 10 月 19 日至 25 日，第 20 届世界意大利语言文化周举行，主题为"文字与图像中的意大利语——涂鸦、插画、漫画"。此次语言文化周的活动围绕意大利语的多种图像表现展开，特别关注漫画和插画书，以及面向少年儿童的出版行业和产业链。

除了外交部，意大利的其他政府部门也协助了世界意大利语言文化周的组织。意大利教育部积极联络意大利大学和高等艺术、音乐和舞蹈学校参与活动；意大利文化部提供了支持，其下属的图书和阅读中心 2020 年参与了语言文化周的组织，开展了一系列线上主题活动。根据惯例，秕糠学会负责编纂与语言文化周主题相关的论文集。

世界意大利语言文化周也与其他文化节庆活动展开合作。2020 年，世界意大利语言文化周与卢卡国际漫画节合作，将一年一度的青年漫画人才大赛纳入语言文化周的活动内容。历经 20 年的发展，世界意大利语言文化周已经成为意大利外交部最重要的全球性语言推广活动，举办的活动数量越来越多，宣传效果也越来越好（见表 4.5）。这得益于众多海外意大利机构、作家、诗人、艺术家、教授和学者的积极参与。他们通过研讨会、会议、图书介绍会、教师培训课程等方式，与当地同行展开跨文化对话。

表 4.5　2001—2019 年世界意大利语言文化周主题一览

年份	主题
2001	文学、戏剧和电影中的意大利语 L'italiano nella letteratura, nel teatro e nel cinema
2002	意大利语与语言艺术 L'italiano e le arti della parola
2003	意大利文化和语言对强化国家认同感及对欧洲文化形成的贡献 Il contributo della cultura e della lingua italiana al consolidamento dell'identità nazionale e, nel contempo, alla formazione della cultura europea
2004	音乐中的意大利语和戏剧中的意大利语 L'italiano in musica e la lingua del teatro
2005	19 世纪 50 年代至今文学作品中的意大利语 La lingua italiana nella narrativa dagli anni cinquanta ad oggi
2006	意大利语言文化中的食物与节日 Il cibo e le feste nella lingua e nella cultura italiana
2007	意大利语与海洋 La lingua italiana e il mare
2008	广场上的意大利语 L'italiano in piazza
2009	艺术、科学和技术中的意大利语 L'italiano tra arte, scienza e tecnologia
2010	意大利语：我们的，他们的 L'Italiano, nostro e degli altri
2011	"意大利生日快乐！" "Buon compleanno Italia!"
2012	从国土到未来：国土上的意大利和未来的意大利 L'Italia dei territori e L'Italia del futuro
2013	研究、发现、创新：了解意大利 Ricerca, Scoperta, Innovazione: l'Italia dei Saperi

（续下表）

（接上表）

年份	主题
2014	书写新的欧洲：数字时代的意大利出版业、作家和出版人 Scrivere la nuova Europa: editoria italiana, autori e lettori nell'era digitale
2015	意韵悦耳：意大利语与音乐 L'Italiano della musica, la musica dell'Italiano
2016	意大利语与创造力：品牌、时尚与设计 L'Italiano e la creatività: marchi e costumi, moda e design
2017	电影世界中的意大利语 L'Italiano al cinema, l'italiano nel cinema
2018	意大利语与网络，意大利语的网络 L'Italiano e la rete, le reti per l'italiano
2019	舞台上的意大利语 L'Italiano sul palcoscenico

6）世界意大利语发展状况大会

在同一政策的指导下，意大利每两年组织一次世界意大利语发展状况大会（已于2014年和2016年在佛罗伦萨的旧宫召开了两届大会，于2018年在玛达玛庄园召开了第三届大会；于2015年、2017年和2019年分别在意大利外交与国际合作部、但丁协会总部和玛达玛庄园召开了三次中期大会）。世界意大利语发展状况大会致力于制定规划，切实调动本领域内的一切力量，共享专业技能，增强意大利语在全球语言市场上的竞争力，同时面向广泛的受众组织推广活动。

自2014年举办第一届世界意大利语发展状况大会起，意大利外交与国际合作部开始系统性地开展海外意大利语教学情况普查，并且对普查方式和数据统计进行逐步细化。如今，这一大会及其公布的普查数据已经成为意大利语全球传播战略的重要风向标，不仅有利于外交与国际合作部制定更有针对性的国家通用语国际拓展政策，也能为世界各地的意大利文化中心及意大利驻外使领馆的语言推广政策提供参考和支持，帮助遍布全球的意大利文化中心策划更符合当地需求的文化推广活动。

自2018年第三届世界意大利语发展状况大会开始，意大利国家通用语国际拓展政策"求同存异"的发展方向日益凸显：在制定共同政策的同时，需要更多地考虑不同国家、不同领域的具体现实，以制定出具有针对性的语言政策目标，运用多样化的政策工具。因此，2019年的《世界意大利语发展报告》(*Stati Generali della Lingua Italiana nel Mondo*)在编写阶段结合了世界各地的意大利驻外使领馆、意大利文化中心、教育机构、其他语言推广主体（如官方派出外教和管理机构等）和海外意大利人社区代表，以期提出适应各地现实的个性化的语言推广战略。

每届世界意大利语发展状况大会都会出版报告，其中的数据和分析是制定意大利语言传播与推广政策的重要参考。2019年，外交与国际合作部联合若干政府部门、学术团体乃至外国政府，共同开展了数据的收集和分析工作，包括意大利教育、大学与研究部，意大利文化遗产活动与旅游部，秕糠学会，但丁协会，瑞士联邦政府，等等。

7）毕业生外教

自2015年起，意大利外交与国际合作部为进一步加强对各国大学意大利语教学的支持力度，面向有意大利语教学的各国高校启动毕业生外教（Laureati per l'Italiano）的支持项目。该项目是由外交与国际合作部联合锡耶纳外国人大学、佩鲁贾外国人大学和罗马第三大学共同发起的，从2015—2016学年起，向申请该项目的国外高校推荐专业为对外意大利语教学的意大利籍毕业生前往任教。申请该项目且获得批准的高校将有资格就该项目向外交与国际合作部申请教学补贴，用于支付受派遣教师的工资等费用。

自2017年起，意大利制定了覆盖2017—2020年的四年期意大利语言文化推广加强计划，并调拨了专项资金。在此计划的支持下，毕业生外教项目规模不断扩大，参与教师人数从6名增长至35名。2019—2020年的项目范围进一步延伸，将撒哈拉以南非洲（刚果民主共和国）和中美洲（危地马拉和多米尼加共和国）地区纳入其中。

中国也属于本计划的范围。根据意大利外交与国际合作部的要求和中国相关法律规定，中方高校在审核意方推荐教师的资质后，须与受派遣教师签署工作合同，并负责为其办理在华工作所需的证件和签证。意方受派遣教师的初始任教期限为一学年，如双方同意第二年可以续约。

4.3　意大利国家对外话语表述

文秋芳（2017）参照索绪尔和乔姆斯基的两分法思路，将国家语言能力分为国家语言资源能力和国家话语能力，前者是后者的基础，后者则是对前者的运用。她后来在阐述国家话语能力的内涵时，将其划分为五个分项能力。（1）话语战略事务管理能力：指政府处理话语战略事务的统筹能力，关键取决于国家是否有这一类的行政管理机构。（2）国家领导人话语能力：主要指国家领导人在国内外公开场合代表政府处理国内外战略事务的说服能力，体现他们话语能力的载体包括在国内外重要场合下的讲话和在国内外发表的重要文章。（3）国家机构话语能力：主要指各政府部门运用语言宣传国家对内对外政策和处理国内外战略事务的能力，主要体现在国家颁布的各类文件、报告、白皮书中，以及由政府部门召开的各种新闻发布会上的讲话。（4）国家媒体话语能力：指由政府机关负责的纸质媒体、广播、电视、新媒体等传播国家对内对外政策和处理国内外突发危机的能力。（5）国家话语外译能力：指将国家领导人、国家机构和国家媒体话语翻译成其他国家文字的能力。上述能力被运用于国际事务中，即体现为国家对外话语表述能力，可解释为"政府能否在国际场合有效表述国家话语并恰当译成所需的外语语种"（文秋芳 2019：62）。

当今世界面临百年未有之大变局，国际话语权成为大国博弈的一个重要方面，因为国际话语权不仅是衡量一个国家实力、国际影响力和感召力的重要指标，也是国家参与全球治理的重要抓手，掌握了国际话语权意味着在全球治理中掌握更多的主动权、发言权和影响力（董希骁 2021）。国际话语权可分为制度性话语权和舆论性话语权：前者反映的是一个国家在国际机制中的地位与作用，直接决定了一个国家在国际制度中的代表权、发言权、投票权等具体权利；后者则是就话语内容的吸引力、影响力和感召力而言的，主权国家通过外交、媒体传播、民间交流等渠道，将蕴含一定文化理念、价值观念等因素的话语传播到国际社会，并得到其他国家和民众的接受和认同（左凤荣 2019）。

国家话语能力指政府为维护国家战略利益所需的语言表达能力（文秋芳 2017）。就目前的情况来看，意大利增强对外话语表述能力是一个提升其国际舆论性话语权和影响力的重要途径，除了关注领导人本身语言能力的提升，也应积极寻求对国内外语言资源的整合，提高对外话语的表述能力。意大利的国家对外话语表述能力建设主要具有以下特点。

4.3.1 国家领导人话语能力：话语发布渠道多样化

意大利政权更替十分频繁，国家领导人的政治背景各不相同，因而他们展现在各大媒体平台上的话语风格和内容都存在较大差异。意大利国家领导人常用的话语发布渠道有以下几类。

4.3.1.1 公开演讲

国家领导人在公开场合发表演讲，是直接表达政治理念、展现国家形象的有力方式。2021 年 2 月，意大利现任总理马里奥·德拉吉（Mario Draghi）在上议院投票后首次发表演讲，陈述了新政府将如何应对新冠肺炎疫情，重振经济，保障就业。同时，他在演讲中也传达了组建技术内阁、实现经济社会目标、确保意大利安全、国家需要优于党派利益等内容。[1] 2021 年 2 月的民调显示，意大利民众对德拉吉的支持率达到 61.4%。国际方面，在 2021 年 5 月举行的全球健康峰会上，德拉吉用英文发表开幕演说，强调全球团结以度过当前新冠肺炎疫情危机的重要性，表达了积极参与欧盟以及国际合作的愿望和态度。

1 　参见 https://www.yicai.com/news/100952968.html（2022 年 8 月 25 日读取）。

4.3.1.2　社交媒体

近年来，意大利社交媒体使用迅猛发展，借助社交媒体表达执政理念、增加社会曝光度已成为国家领导人多样话语的重要发布渠道之一。据2021年1月的《全球数字报告》（Global Digital Report）显示，互联网在意大利全国有83.7%的渗透率，67.9%的公民为社交媒体的活跃用户，意大利平均每人每天使用将近两小时社交媒体，五个最常用的平台见表4.6。

表4.6　意大利最常用的社交媒体平台

名称	使用比例（%）
YouTube	85.3
WhatsApp	85.2
Facebook	80.4
Instagram	67.3
Twitter	32.8

其中，民众对巴拉克·奥巴马（Barack Obama）参加美国总统选举、唐纳德·特朗普（Donald Trump）当选美国第45任总统、意大利五星运动党异军突起的关注度较高，反映出网络媒体对领导人话语表述以及公众看法的影响日渐扩大，意大利政治已通过社交网络在世界范围内改变了对民众的政治表述方式。意大利政党繁多，联合执政的基本模式也决定了多元政治理念共存的可能性，各种社交媒体对接社会多层次需求是意大利政治领导人传播思想乃至展示国家形象的窗口，官方媒体之外的社交媒体信息传播是对外话语表述的创新模式，构成了其多样性、交互性、碎片性的沟通引导途径。

Facebook作为一个能够以自由方式报道时事新闻、对公共舆情产生影响力的平台，是意大利政治领导人最积极参与的网络媒体之一；而Twitter（推特）相比Facebook更适合政治宣传需要，能够根据标签进行分类，推文长度短，便于阅读。通过社交媒体，政治领导人经常即时性地对时事政治发表简短评论，表达鲜明立场，并直接与民众平等建立横向互动，这是他们完善自身话语表述的重要途径。意大利前总理朱塞佩·孔特（Giuseppe Conte）在新冠肺炎疫情暴发期间通过社交媒体充分展现了其利用政府领导人话语、国家媒体话语以处理国内外战略事务的能力，例如自 2020 年 3 月起孔特在 Facebook 上直接发布总理法令，代表意大利向全世界表达抗击疫情的决心，保持单日平均推送量两条。值得注意的是，孔特担任总理职务之前并不勤于更新自己的社交媒体账号，自出任总理后由于关注量陡增，孔特开始以政府领导人的形象认真经营，一跃成为 Facebook 上最受关注的国家领导人之一。然而，从长期来看，由于意大利政府缺乏稳定性，政府话语表述很大程度上受到领导人个人意识形态和执政风格的影响。

尽管意大利领导人已经充分利用社交媒体来提升自己在国内的影响力，但在国家话语外译能力方面的整体欠缺，仍是阻碍意大利寻求国际话语空间的一大因素。在社交媒体上，意大利领导人很少发布多语内容，他们的外语能力也参差不齐。

4.3.1.3 自传性著作

除了社交媒体，意大利领导人也会通过撰写自传性著作来提升自身的影响力。如意大利总统塞尔吉奥·马塔雷拉（Sergio Mattarella）在 2015 年出版的《共同成长》（*Crescere insieme*）一书记录了自己政治生涯的各个阶段，阐述了他的政治理念从形成到成熟的全过程，表达了"共同成长"的执政理想。意大利前总理马泰奥·伦齐（Matteo Renzi）的自传《向外！》（*Fuori!*）讲述了他从担任佛罗伦萨议会主席到竞选市长，最后成为意大利总理、开展改革的参政经历。相比其他话语表述方式，著作更能展现领导人的心路历程，塑造亲民形象，让民众更加了解领导人的政治思想。

4.3.2　国家机构话语能力：发布信息公开透明

意大利注重公共信息自由，2013 年颁布了政务信息透明法规，规定了公共行政机构公开信息的义务，[1] 包括公开、透明、数据信息开放、民众知情权等基本原则，并在之后的行政改革中通过 DL97/2016 实施了《信息自由法》(FOIA e Trasparenza)[2]，扩大了信息透明度，进一步保障了公众获取政务信息的权利，规定各机构要不断更新信息数据。2018 年经总统签署修订了《数字行政法》(Codice dell'Amministrazione Digitale)，要求电子信息对企业和公民进一步公开。

《意大利官方公报》(*La Gazzetta Ufficiale della Repubblica Italiana*) 是意大利官方政策公告平台，汇编发布意大利所有现行法律法规，包括宪法机构的法案、总统令、法令、决议和部长令、其他机关的法令和决议以及通告。公报官方网站实时更新，公民可以下载电子版。除公报外，意大利各政府机构会在官方网站及时发布最新通知。例如，意大利外交与国际合作部官网设有部门事务、外交政策、合作、新闻发布会、透明政务等栏目，便于民众了解信息。尤其是其中的"透明政务"栏目，它根据 2013 年和 2016 年的信息透明法规开设，包含部门架构、顾问、人员、预算公开、政府规划、个人数据保护等多方面的信息。

意大利国家机构在社交媒体上及时更新信息。在 YouTube 上，总统府、政府都有官方频道，其中总统府官方账号为"意大利共和国总统府奎里纳尔宫"(Presidenza della Repubblica Italiana Quirinale)，有 9 万多个订阅者，以时间和重点事件分类，分为总统接受的采访、总统协商会议、国际会议、国事访问、总统就任等多个频道；意大利政府官方频道为"基吉宫"(Palazzo Chigi)，以意大利总理官邸命名，与总统府官方账号相比内容更为多样，除了展示领导人出访活动，还有政府项目、宣传活动、总理参加全球健康峰会和 G7 峰会并发表讲话的视频。相较于中国发布信息时

1　参见 http://qualitapa.gov.it/sitoarcheologico/relazioni-con-i-cittadini/open-government/trasparenza-e-diffusione-di-informazioni-della-pa/index.html（2022 年 8 月 25 日读取）。

2　参见 http://www.funzionepubblica.gov.it/foia-7（2022 年 8 月 25 日读取）。

以机构名称署名，以所在官邸或领导人职位代指国家机构是意大利媒体宣传的特点。

4.3.3　国家媒体话语能力：国家媒体独立多元

意大利对新闻业管控较为严格。法西斯统治时期，政府严加审查，完全控制宣传领域，直到1948年1月1日生效的《意大利共和国宪法》明确规定出版自由，这一现象才得以制止。1948年第47号法令即《报纸法》（Legge sulla Stampa）生效，该法令共25条，涉及印刷出版物定义、报纸主编、出版注册规定、出版有效期等具体内容，这是意大利第一次对新闻行业活动做出正式规定，之后该法规不断修订，至今仍在使用。

安莎社是意大利最大的通讯社，1945年由意大利57家日报联合组成，是半官方通讯社。意大利政府部门和国家机关的重要新闻与消息，通常都由其发布。安莎社使用意大利语、西班牙语、葡萄牙语、法语、英语对外发布新闻和评论文章。《路透社2020数字新闻报告》显示，意大利人认为信度最高的新闻来源是安莎社，接下来是Sky TG24和《24小时太阳报》，RAI新闻排在第四。[1] 据报告分析，意大利报纸读者人数继续稳步下降，电视新闻收视率较为稳定，智能手机是民众获取在线新闻的主要设备。

意大利国家广播电视行业两个主要集团是RAI和Mediaset传媒集团。国有媒体RAI自成立至20世纪70年代一直垄断意大利广播传媒行业，直到1978年意大利前总理西尔维奥·贝卢斯科尼（Silvio Berlusconi）创立Mediaset传媒集团。RAI发布的2020年报告显示，电视领域Mediaset市场占有率为30.2%，仅次于RAI的36.7%；广播领域一刻钟收听人数排第二的频道Radio105，也属于Mediaset传媒集团。

意大利政府强调广播电视的多元化原则。为确保广播信息的独立性和客观性，1947年意大利议会设立了广播电视服务指导监督委员会，但并未在法律文本中明确其职能，直到1975年第103号法令建立了使用

1　参见 https://www.digitalnewsreport.org/interactive/（2022年8月25日读取）。

广播电视设施进行无线电信息广播的法律框架，规划了意大利地面电视频道频率划分和管理制度。根据第 103 号法令，在宪法规定的表达自由的框架下，"对不同政治思想文化流派保持独立、客观、包容，是公共广播电视服务的基本原则"。[1]第 103 号法令明确规定，该委员会由 20 名参议员和 20 名众议员组成，由两院议长按比例任命，在法令制定之初有任命 RAI 董事会 10 名成员的权力。委员会指导的内容包括制定广播电视节目的一般准则，以确保平衡分配节目、批准节目制作计划、建议 RAI 的预算和投资总标准、制定广告信息的一般准则等。为促进广播电视行业的市场竞争，1990 年颁布的第 223 号法令明确规定意大利广播电视服务体系为公有和私有广播公司竞争合作，在法律意义上确定了多元化原则，其中包括内部多元化原则，即播放内容的多元化，以及外部多元化原则，即认可不同参与者进入市场的可能性。该法令允许每个私有电视频道有自己的网络主管和新闻节目。1997 年颁布的《马卡尼科法》（Legge Maccanico）对通信传媒做出进一步规定，禁止任何主体以任何形式在市场上占据主导地位，禁止某一国家广播电视许可证的经营者播放节目量超过总电视节目量的 20%，禁止其收入超过全国广播电视行业收入的 30%。

在国际话语对外传播上，意大利外交与国际合作部官网列出了意大利国际频道（Rai Italia）、9Colonne 等频道和网站，称其为意大利语和意大利文化的国际传播者，这些媒体持续不断地为世界各地的意大利人提供最新消息。意大利国际频道通过意大利语、英语、西班牙语播送节目，覆盖地区包括美洲、亚洲、非洲、大洋洲。然而，意大利对外话语传播能力较弱，国际广播的受众主要是意大利语使用群体或有意大利文化背景的人；而且由于版权问题，一些地区只能播放过去的电视节目，影响力较小。

---

1 1990 年第 223 号法令中该表述修订为：在宪法保障自由人权的框架下，对不同政治社会文化宗教流派保持多元化、客观性、完整性、信息公正性传播，是公有和私有公司共同竞争的广播电视服务体系的根本原则，为本法令所规定。

4.3.4　国家话语外译能力：相对有限

部分意大利官方机构如参议院、外交部、国防部、经济财政部的官网含有外文网站选项，多为英文网站；其中外交部还设有阿拉伯语网站，国防部设有法语网站。

欧盟翻译总司为欧盟 24 种官方语言提供文件翻译服务，翻译立法和政策文件、报告、信函等，为委员会各部门管理多语种网站提供建议，确保使用欧盟官方语言的正确术语，编入机构术语库；欧盟委员会还设有口译总司（Directorate-General for Interpretation），其主要职责在于提供口译和会议组织服务。

为了在国外持续推广意大利语言和文化，意大利外交部为意大利国内外出版社、译者设立翻译资助和翻译奖，用于激励意大利文学作品和科学著作的翻译出版、意大利书籍和文化的推广，以及通过大众传播媒体播放的意大利电影长片、短片和电视剧作品的字幕翻译、配音和制作。1988年，意大利文化遗产活动与旅游部设立"国家翻译奖"（Premi nazionali per la traduzione），包括四项翻译大奖和四项翻译特别奖。该奖项每年评选一次，颁发给促进意大利文学外译推广或在意大利翻译推广外国语言文学作品的译者、出版社和相关从业人员。2017 年，近百种中国图书在第30 届意大利都灵国际图书沙龙展出，这是中国图书首次在意大利最大书展上亮相；[1] 2019 年，人民文学出版社推出"中外作家同题互译项目"，意大利出版方加入，与中方共同拟定主题，分别遴选多位本国优秀作家的主题相关作品形成选题，确定具体篇目后以合集的形式在两国分别以汉语和意大利语同步翻译出版；项目成果、意大利语版《潮 166：食色》已在意大利出版发行。

---

[1]　参见 http://www.xinhuanet.com/culture/2017-05/23/c_1121016654.htm（2022 年 8 月 25 日读取）。

4.4　意大利国家语言人才资源掌控

4.4.1　意大利国家语言人才掌控情况概览

语言能力是人力资源的构成部分，国家语言人才资源掌控构成国家语言战略能力的重要维度。2006年，意大利社会投资调查研究中心（Centro Studi Investimenti Sociali）与大数据社（Grandi Numeri）联合开展由意大利劳动、卫生和社会保障部发起的 Let it Fly 项目，调查结果显示，33.8%的意大利人不会说任何外语，不超过66.2%的人掌握外语，并且其中大部分人的外语知识来源于学校教育。意大利南部的外语掌握者比例为63%，低于全国平均水平，中部地区为66.9%，西北与东北部地区分别为67.5%和69.3%。

从意大利国家统计局五年一次对公民外语掌握情况的问卷调查结果来看，2015年，意大利6岁及以上人口总数为3,437万人，其中60.1%对一种或多种外语感兴趣，对比2006年的56.9%比例有所增加。92.3%的以外语为母语的人会说一种或多种外语，而以意大利语为母语的人中只有56.6%掌握一种或多种外语；对于前者，意大利语是其最广泛掌握的语言，而对于后者，则是英语。

2006年与2015年同类别数据相比，至少掌握一门外语的比例在6—24岁的人群中基本持平（2006年为79.4%，2015年为80.1%），而在其他年龄段中，尤其是在55—64岁的人群中，该比例都有所增加（从41.3%上升到52.1%）。同时，两个年度的数据都显示，该比例随着年龄的增长而呈下降趋势。就性别而言，男性（2006年为59.2%，2015年为62.4%）在各年龄段总和中比女性（2006年为54.7%，2015年为57.9%）对外语掌握的比例更高。

就掌握的外语类别来看，意大利掌握英语的人数比例由2006年的43.6%上升至2015年的48.1%，增长幅度最大的是55—64岁的人群（从2006年的23.5%增至2015年的34.6%）和45—54岁的人群（从2006年的37.4%增至2015年的47.5%），掌握西班牙语的比例由2006年的6.5%

上升至 2015 年的 11.1%，6—24 岁的人群（从 2006 年的 6.9% 增至 2015 年的 17.7%）和 25—34 岁的人群（从 2016 年的 9.9% 增至 18.1%）增长比例尤其明显，究其原因，或许与近些年来意大利义务教育课程中皆设有西班牙语课程有关。掌握法语和德语的比例保持稳定。

从两个年份的地域分布情况来看，相较于南部和群岛地区，西北地区和东北地区掌握外语人数的比例更高。

单从数据而言，较之 2006 年，2015 年意大利人掌握外语的情况有所进步，但其整体外语知识水平仍然相当不足。在宣称自己掌握英语的人群中，只有 7.2% 的人能达到优秀水平，27% 的人能达到良好水平。

2006 年，Let it Fly 项目还就意大利企业结构组成进行了调查，结果表明，意大利的企业 70.2% 为微型企业，22% 为中小型企业，7.8% 为大型企业；其中 80.7% 的微型企业、52.4% 的中小型企业和 40% 的大型企业都没有参与过国际进出口活动。2015 年，意大利国家统计局调查显示，意大利小型与微型企业仍占有全国 95% 的生产量并雇有全国 47% 的职员。从 2006 年到 2015 年，意大利的生产结构以中小型企业为主的状况没有改变，但是与出口相关的生产值占据国内生产总值的比重从 26.2% 增长到 30.1%，但仍低于欧盟 42.3% 的平均值。

Let it Fly 项目的另一项调查显示，56.4% 的意大利企业没有聘用任何在工作中使用外语的职员，其余 43.6% 的企业只聘用了少数掌握外语的职员。在使用外语的企业中，71.9% 的企业使用英语，20.6% 的企业使用德语，6.7% 的企业使用西班牙语，2% 的企业使用汉语。有 48.5% 的企业并不重视多语人才对自身的作用，66.1% 的企业并不会把语言能力作为筛选应聘者的条件。另外，意大利人倾向于将多语能力和涉及中介职能的职位相联系，如 15.9% 的人会想到销售员，17.3% 的人会想到贸易经理。通过调查可以看出，意大利生产部门主要由中小型企业构成，并且具有明显的内向性；所以意大利社会并不存在"英语霸权"的现象，对意大利企业而言，英语虽然重要但不至于不可或缺。在意大利，外语具有一定的重要性，但是大部分企业还没有形成语言战略能力的概念，企业对外语能力的重视程度明显不足。

4.4.2 使用母语的意大利人语言掌握情况

2015 年，意大利 90.4% 的人口以意大利语为母语。与 2006 年相比，意大利语仍然是使用最广泛的母语，但使用其他母语的人数比例有所增加（从 4.1% 增加到 9.6%），主要集中在东北地区（15.2%）和西北地区（11.5%），且多居于都市中心城市（11.6%）。特伦蒂诺–上阿迪杰大区出于政治原因例外。在艾米利亚–罗马涅（13.4%）、伦巴第（12.3%）和托斯卡纳（11.8%）大区，以外语为母语人数较多的原因主要是外国人前来定居（见表 4.7、表 4.8、表 4.9）。就语种而言，使用最为广泛的母语是罗马尼亚语、阿拉伯语、阿尔巴尼亚语、西班牙语和汉语。

表 4.7 意大利 6 岁及以上人群语言使用情况（按照大区统计）

单位：（同一类别下，每100人）			
大区名称	**母语**		
	意大利语	**其他语言**	**总计**
皮埃蒙特	89.4	10.6	100
瓦莱达奥斯塔	90.4	9.6	100
伦巴第	87.7	12.3	100
特伦蒂诺–上阿迪杰	57.1	42.9	100
威内托	88.4	11.6	100
弗留利–威尼斯朱利亚	87.8	12.2	100
利古里亚	91.1	8.9	100
艾米利亚–罗马涅	86.6	13.4	100
托斯卡纳	88.2	11.8	100
翁布里亚	88.9	11.1	100

（续下表）

（接上表）

单位：（同一类别下，每100人）			
大区名称	母语		
	意大利语	其他语言	总计
马尔凯	89.7	10.3	100
拉齐奥	89.2	10.8	100
阿布鲁佐	92.2	7.8	100
莫利塞	93.5	6.5	100
坎帕尼亚	96.0	4.0	100
普利亚	96.9	3.1	100
巴西利卡塔	96.0	4.0	100
卡拉布里亚	94.2	5.8	100
西西里岛	95.8	4.2	100
撒丁岛	96.6	3.4	100
总体	90.4	9.6	100

表 4.8　意大利 6 岁及以上人群语言使用情况（按照地理分区统计）

单位：（同一类别下，每100人）			
地理分区	母语		
	意大利语	其他语言	总计
意大利西北部	88.5	11.5	100
意大利东北部	84.8	15.2	100
意大利中部	88.9	11.1	100
意大利南部	95.6	4.4	100
意大利群岛	96.0	4.0	100
总体	90.4	9.6	100

表 4.9　意大利 6 岁及以上人群语言使用情况（按照地区类型统计）

地区类型	母语		
单位：（同一类别下，每100人）			
	意大利语	其他语言	总计
都市区域中心城区	88.4	11.6	100
都市区域郊区	92.5	7.5	100
2,000 居民及以下	92.3	7.7	100
2,001 至 10,000 居民	90.5	9.5	100
10,001 至 50,000 居民	90.5	9.5	100
50,001 居民及以上	89.5	10.5	100
总体	90.4	9.6	100

4.4.3　意大利国家语言人才掌控特点 [1]

4.4.3.1　英语、法语和西班牙语是意大利使用最为广泛的外语

从用途来看，在学习方面，英语是意大利公认的首选外语学习语言
（占 45.4%），2015 年在业余时间使用英语的人群所占比例为 49.6%，较
2006 年的 38.3% 有所增长。法语主要用于业余时间交流（33%，与 2006
年基本持平）。西班牙语、德语以及其他语言主要用于娱乐休闲（55.7%）
和与亲朋好友交流（55.6%），尽管至少四分之一的人口使用非意大利语
进行学习或工作，但意大利语仍是生活在意大利的外国人的通用语，在
日常生活的所有领域都比其他语言使用比例更高：工作占 63.5%，休闲
占 90.8%，与亲朋好友交流占 89.2%。另一方面，工作中使用英语的人
口比例高，尤其是 45—54 岁的人群 52.9% 使用英语。还有 39.8% 的年
龄为 25—34 岁的年轻人使用西班牙语或其他语言工作。管理人员、企

1　数据来源：2015 年意大利统计局报告 L'USO DELLA LINGUA ITALIANA, DEI DIALETTI E
　　DELLE LINGUE STRANIERE，https://www.istat.it/it/files/2017/12/Report_Uso-italiano_dialetti_
　　altrelingue_2015.pdf（2021 年 8 月 28 日读取）。

业家和自由职业者主要在工作中使用英语和法语，并担任管理和文书职务
（见图4.1）。

2015年15岁及以上掌握一种或多种外语的人群，最近12个月在职场上使用外语的情况（掌握一种或多种外语的人群中每100人）

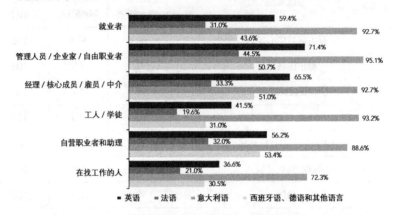

图 4.1　意大利 2015 年职场外语使用情况

4.4.3.2　外语知识掌握水平仍然较低

意大利人外语知识掌握水平尽管与过去相比有所提高，但总体而言仍然较为薄弱。2015 年，会说一种或多种外语的人中，只有 11.9% 的人对自己最熟悉的一门外语的掌握水平为优秀（2006 年为 7.6%），29% 为良好（2006 年为 24.3%），35.6% 为中等（2006 年为 37.7%），23.5% 为较差（2006 年为 30.4%）（见表 4.10）。

表 4.10　各年龄段意大利人外语掌握水平统计

6 岁及以上人群外语掌握情况
根据语言熟练程度、性别、年龄段分类
年份：2006、2015（同一类别下每 100 个至少掌握一门外语的人，四舍五入取一位小数）

年龄段	2006				2015			
	最熟悉的一门外语掌握水平				最熟悉的一门外语掌握水平			
	较差	中等	良好	优秀	较差	中等	良好	优秀
男性								
6—24	27.9	41.9	25.3	4.9	21.0	37.5	30.3	11.1
25—34	26	39.9	26.3	7.8	16.3	33.4	34.5	15.7
35—44	33.1	36.2	22.9	7.8	22.2	38.7	29.5	9.6
45—54	36.3	36.5	20.4	6.8	28.1	36.5	27.3	8.2
55—64	38.2	35	20.2	6.6	31.7	38.9	21.6	7.9
65 及以上	40	34.1	18.4	7.5	35.5	37.3	19.8	7.4
总体	31.9	38.2	23.2	6.7	24.5	37.1	28.1	10.3
女性								
6—24	22.7	36.2	32.9	8.2	17.9	30.8	35.8	15.4
25—34	21.5	38.7	29.2	10.5	14.8	29.3	38.8	17.1
35—44	30.2	38.8	22.9	8.1	18.7	38.0	29.0	14.3
45—54	38	37.2	18.2	6.6	26.2	36.2	26.7	10.9
55—64	39.7	34.1	17.8	8.4	32.9	37.8	19.7	9.7
65 及以上	38.8	35	16.8	9.4	35.7	35.7	18.8	9.8
总体	28.8	37.2	25.5	8.5	22.4	34.2	29.9	13.5
男性和女性								
6—24	25.3	39.1	29.1	6.6	19.5	34.2	33.0	13.2
25—34	23.6	39.3	27.9	9.2	15.5	31.3	36.7	16.5

（续下表）

（接上表）

年龄段	2006				2015			
	最熟悉的一门外语掌握水平				最熟悉的一门外语掌握水平			
	较差	中等	良好	优秀	较差	中等	良好	优秀
35—44	31.7	37.5	22.9	7.9	20.4	38.3	29.3	12.0
45—54	37.1	36.8	19.3	6.7	27.1	36.6	26.9	9.6
55—64	38.9	34.6	19.1	7.4	32.3	38.3	20.7	8.8
65 及以上	39.5	34.5	17.7	8.3	35.6	36.6	19.3	8.5
总体	30.4	37.7	24.3	7.6	23.5	35.6	29.0	11.9

　　另外，就英语而言，全国不同地区对英语知识的掌握情况也存在差异：北部和中部地区的居民对英语的了解多为良好、优秀（超过 35%），南部和群岛的这一比例分别为 28% 和 27%。英语知识匮乏百分比最高的地区是马尔凯（34.8%）、撒丁岛（32.9%）、坎帕尼亚（32.5%）、西西里岛（32.4%）和卡拉布里亚（32.3%）。

4.4.3.3　外语阅读和交流能力提高

　　与 2006 年相比，2015 年意大利人在外语阅读方面有较大的提高：41.8% 的人认为其外语阅读能力为良好或优秀（2006 年为 33.3%）。认为自己拥有良好或优秀听力能力的与过去的水平（2006 年的 29.3%）相比也有较大的提高，达到 37.9%。对话和写作能力与过去相比也有明显提高。会说一种或多种外语的人中，32.6% 的人评价自己的对话能力为良好或优秀，33.6% 的人评价自己的写作能力为良好或优秀（见表 4.11）。

　　总体而言，女性的各项能力水平高于男性。其中，写作技巧差异最大，37.2% 的女性用自己掌握最熟练的外语写作能力为良好或优秀，而男性该比例则为 30.1%。外语能力会随着年龄的增长而降低，25—34 岁的人群外语能力水平最高（见表 4.11）。

表 4.11　2015 年各年龄段意大利人外语听说读写水平统计

2015 年 6 岁及以上掌握一种或多种外语的人群，最熟练的外语掌握程度

根据年龄段、性别，掌握的能力分类（同一类别下每 100 人中掌握一种或多种外语的人群）

	阅读理解					听力				
	无	较低	合格	良好	优秀	无	较低	合格	良好	优秀
性别										
男性	2.1	21.3	35.3	26.7	12.3	1.4	24.9	35.9	24.6	10.9
女性	1.8	19.1	32.8	29.7	15.0	1.3	23.3	33.5	26.7	13.5
年龄段										
6—24	1.9	17.5	33.6	31.5	13.9	1.4	21.0	33.6	29.5	12.8
25—34	1.1	13.2	29.9	34.4	19.7	0.7	16.2	32.4	32.0	17.1
35—44	1.6	17.2	36.5	28.8	14.1	1.2	21.5	37.2	25.5	12.7
45—54	1.8	23.2	34.6	26.7	11.9	1.1	27.4	35.1	24.0	10.2
55—64	2.4	26.7	37.4	21.1	9.8	1.6	33.4	34.6	18.7	9.1
65 及以上	4.1	31.1	32.5	19.6	9.6	1.7	33.5	36.0	16.8	8.9
总体	2.0	20.2	34.1	28.2	13.6	1.3	24.1	34.7	25.7	12.2
	对话					写作				
	无	较低	合格	良好	优秀	无	较低	合格	良好	优秀
性别										
男性	7.5	28.3	31.3	20.5	10.0	7.2	27.9	32.3	21.0	9.1
女性	7.5	27.6	28.5	22.3	12.4	6.0	25.3	29.7	25.3	11.9
年龄段										
6—24	6.9	24.5	30.9	24.9	11.0	3.8	21.5	33.4	28.7	10.8
25—34	3.4	21.7	30.1	27.0	16.1	3.4	19.7	31.2	28.5	15.4
35—44	6.0	27.2	31.6	21.3	12.0	5.4	25.9	32.2	23.5	11.1
45—54	8.5	31.0	29.0	19.7	9.8	7.7	30.3	30.3	20.7	8.8

（续下表）

（接上表）

55—64	11.5	36.1	27.2	13.1	8.3	15.4	35.5	25.8	13.0	7.2
65 及以上	12.0	36.1	27.2	13.1	8.3	15.4	35.5	25.8	13.0	7.2
总体	7.5	28.0	29.9	21.4	11.2	6.6	26.6	31.0	23.1	10.5

　　同一母语使用群体对不同语言的掌握能力不同。对于以意大利语为母语的人，英语是使用最广泛的外语，其中阅读（37.1%）和听力（31.4%）是该群体普遍最擅长的能力。在以其他语言为母语的人中，意大利语是使用最广泛的外语，在所有语言能力中，平均能力水平都更高（超过或高于英语的良好能力 60%），尤其是听力能力（74.9%）和对话能力（70.7%）（见图 4.2）。

2015 年 6 岁及以上掌握一种或多种外语的人群，最熟练的一门语言掌握能力掌握程度（良好/优秀），同一类别下掌握一种或多种外语的人群中每 100 人

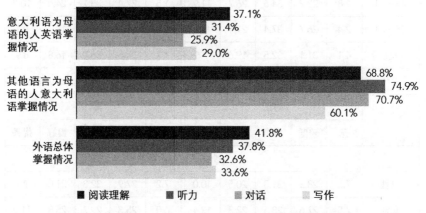

图 4.2　6 岁及以上人群对最熟练外语的掌握情况

4.4.3.4　学校仍然是学习外语的主要渠道

　　学校是学习外语的主要渠道（79.5%），其后依次是在国外学习和工作（14.9%），通过书籍、CD、DVD 等进行自学（11.8%），参加非学校课程（10.5%）和出国度假（9.6%）。通过非正式渠道，例如通过原生家庭、

朋友、配偶或伴侣学习自己最了解的外语的人的比例较低。通过原生家庭和伴侣获得教育的女性，在学校学习的比例更高；男性在学习或工作期间居留国外，或在国外度假时学习掌握外语的比例较高（男性分别为 16.9% 和 10.5%，女性分别为 12.9% 和 8.7%），通过自学掌握外语的男性比例也高于女性（男性占 13%，女性占 10.7%）（见图 4.3）。

2015 年 6 岁及以上掌握一种或多种外语的人群，最熟练的外语学习方式依据性别分类
（6 岁及以上掌握一种或多种外语的人群中每 100 人）

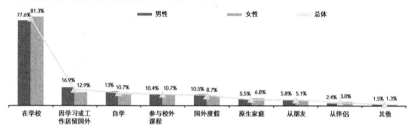

图 4.3　2015 年意大利不同性别人群外语习得方式统计

从年龄来看，国外学习、工作以及在国外度假期间学习外语的比例自 25 岁开始增加。在 24 岁以前，学校几乎是学习外语的唯一途径（91.2%）。除了学校和因学习或工作居留国外以外，在西北、东北和中部地区，通过在国外度假和校外课程学习外语比其他地区更为普遍。考虑到居住城市的人口规模，在都市区域中心城区和超过 5 万人口的大型城市中，通过课外课程学习的比例更高。这可能是由于在较大的城市人们学习外语的途径更多；在这些城市中，出国学习、工作或度假的人口比例也更高（见表 4.12）。

表 4.12 2015 年意大利人外语习得方式分类统计

2015 年 6 岁及以上掌握一种或多种外语的人群学习最熟练外语的方式根据年龄、地理分区和大区类型分类

（6 岁及以上掌握一种或多种外语的人群中，同一类别下每 100 人）

	原生家庭	从朋友	从伴侣	在学校	参与校外课程	自学	因学习或工作居留国外	国外度假	其他
年龄段									
6—24	8.7	4.9	0.7	91.2	6.3	10.3	7.6	6.8	0.3
25—44	5.7	6.4	4.0	77.6	12.4	13.9	17.6	10.8	1.6
45 及以上	4.9	4.9	4.0	73.2	11.7	11.1	17.3	10.5	2.1
地理分区									
意大利西北部	5.8	5.3	3.3	80.4	10.9	12.0	15.8	12.3	1.2
意大利东北部	7.5	6.4	3.5	78.1	11.6	11.8	17.4	8.9	2.2
意大利中部	6.6	6.2	3.9	76.5	12.3	13.1	16.4	9.9	1.9
意大利南部	5.3	4.4	2.3	80.8	8.0	10.1	11.0	7.0	0.6
意大利岛屿	5.1	4.1	1.7	82.8	8.4	12.5	11.8	7.8	1.1
大区类型									
都市区域中心城区	6.2	5.6	3.7	78.6	15.0	13.3	19.0	15.4	2.0
都市区域郊区	5.4	4.0	2.0	81.5	11.5	9.5	14.7	8.5	0.8
2,000 及以下居民	6.9	6.0	2.1	80.6	7.8	11.9	13.1	7.5	1.7
2,001 至 10,000 居民	6.9	5.5	3.2	79.0	8.4	11.3	14.0	7.4	1.8
10,001 到 50,000 居民	6.0	5.5	3.2	78.6	8.8	12.1	13.4	8.4	1.5
50,001 及以上居民	5.7	6.0	3.4	80.2	12.2	12.4	15.4	10.6	0.8
总体	6.2	5.4	3.1	79.4	10.5	11.8	14.9	9.6	1.4

学历对外语学习也有较大影响。在 25—44 岁的大学毕业生中，有 96.1% 的人掌握至少一种外语，而高中毕业生这个比例为 81.5%，初中毕业生为 55.7%。65 岁及以上的大学毕业生中，至少懂一种外语的人数比例依然很高，达到 87.6%（见图 4.4）。

2015 年 25 岁及以上人群掌握一种或多种外语的分布情况
根据年龄段及学历分类（同种分类下每 100 人）

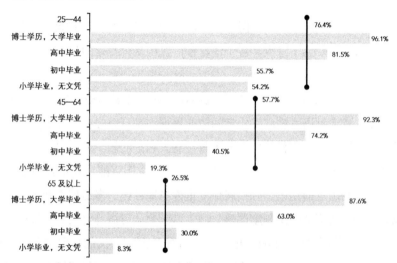

图 4.4　2015 年不同学历人群外语掌握情况统计

4.5　意大利国家语言战略能力小结

国家语言战略能力作为一种涉外能力，是加强本国与各国交往，向世界传达本国诉求，并构建本国国际形象的重要依仗（董希骁 2021）。意大利的国家通用语是意大利语，意大利国家通用语涉外政策也就是意大利语的海外推广政策。从语言推广的受众来看，意大利的国家通用语国际拓展政策有两大侧重点：一是向外国人传播、推广意大利语，这是一种文化输出；二是在海外的意大利公民、意大利裔移民中推广意大利语，以便增强他们与母国的文化联系。

时至今日，在意大利语言文化机构、语言推广工作者和企业界的共同努力下，意大利语完全摆脱了怀旧、消沉的旧形象，展现出新的活力，已经成为一笔可观的文化财富，是意大利文化不可或缺的一部分，也是意大利国家竞争力的重要组成部分。人们充分认识到，对意大利而言，国家通用语国际拓展是一种投资。意大利将其作为文化战略的一部分，逐渐向其他欧洲文化大国靠拢。

纵观意大利国家通用语国际拓展政策的历史演变，我们能看到它的逐渐发展与进步。（1）意大利各个语言推广机构从碎片化的状态开始转向彼此协调，互相配合开展活动。一方面，这一进步得益于意大利外交部的机构改革；另一方面，各语言推广机构在规划、开展活动时更愿意彼此合作。（2）意大利语言推广工作者的职业培训水平日益提高，在这方面设置了专门的教学资质，作为向外国人教授意大利语的教学资质要求。（3）意大利投资建立了符合欧盟委员会要求的高质量语言能力认证体系CLIQ。（4）意大利国家通用语国际拓展愈发重视当地社区的多语现象和多元文化现象，并针对形势做出制度调整。（5）意大利认可海外意大利人社区在国家通用语国际拓展方面的作用，保障海外意大利公民的投票选举权，使其意见得以表达。（6）意大利国家通用语国际拓展方面的财政资金增加，2017—2020年四年间逐步增加了资源投入。

尽管取得了上述这些看得见的进步，但是意大利国家通用语国际拓展政策仍然存在局限性，如亟须出台国家通用语国际拓展政策规划，巩固已经取得的成果。在世界语言市场上，意大利语面临来自其他新兴语种尤其是汉语、俄语和阿拉伯语的竞争压力。近年来，意大利政府派遣到外国大学的意大利语外教数量下降，一些大学的意大利学教席面临被裁撤的风险，某些大学在外语教学中暂停提供意大利语教学。当今世界各种语言在不同地方竞争较量，既表现在大学的课程设置中，也体现在人们日常生活的细节选择中。

意大利国家通用语国际拓展政策也与意大利的国内语言政策息息相关。意大利语在国内地位下降可能会波及意大利语的国际地位，对意大利的经济和文化影响力造成负面影响。作为欧盟创始成员国和欧洲四大经济体之一，意大利一直致力于在国际上寻求话语空间，维护本国利益，表达自身诉求。在现行政治体制下，意大利缺乏专门的行政管理机构对国家话语实行集中化、垂直化管理。受意大利民族特性的影响，意大利的国家领导人、国家机构和新闻媒体彼此相对独立，各自在所偏好的社交媒体上自由发表言论，风格不一，立场不同。由于多党共同执政的特点，意大利的新闻媒体也多为各自所代表的政党发声，因而缺乏统一的表述形式和立场。由于意大利民众的外语水平普遍偏低，在国际舞台上的外语高端人才较少，因此国家话语的外译除政府门户网站和个别外事部门有相关外语翻译外，基本不依靠本国的行政手段或专业机构来完成，而是通过整合国内外民间机构和个人的力量来实现。

在国家语言人才资源掌控方面，意大利缺乏直接体现外语人才资源掌控情况的人才库，对外语人才的了解主要通过意大利劳动、卫生和社会保障部发起的、由社会投资调查研究中心与大数据社联合执行完成的意大利语言教育调查项目和意大利国家统计局每五年一次的"公民闲暇时间调查"中"公民外语学习调查"的结果分析而来。因此，总体而言，意大利国家语言人才掌控能力较弱，没有负责语言人才普查和统一管理的专门机构，对语言人才的了解不够全面，对人才资源的配置不够合理，没有充分调动外语人才的积极性，也没有把外语人才的才能和创造性充分发挥出来。通过近十几年的调查结果来看，英语、法语和西班牙语是在意大利使用最为广泛的外语，意大利民众使用外语阅读和交流的能力整体有所提高，但对外语对象国的知识掌握水平仍然很低；就外语学习机构来看，学校仍然是学习外语的主要渠道。

可以说，意大利对国家语言人才资源的重视程度还具有很大的提升空间，而意大利对国家语言人才资源掌控意识不足的原因，很大程度上在于社会就业对语言能力的需求较低。在与其他国家有贸易活动的企业中，只有0.6%的企业认为语言能力不足阻碍了企业进入外国市场，94.9%的企业则把阻碍归于语言能力之外的因素。整个就业市场对语言能力资源的低需求也间接导致意大利在整个国际事务中参与度较低。对于意大利，如果能将国家外语教育和企业经济效益在社会认知层面有机结合，用覆盖面、科学性、影响度等三个指标去衡量，则有助于其国家语言战略能力的提升。

第五章
总结与启示

5.1 中国和意大利国家语言能力比较研究

国家语言能力建设的主体是政府，体现的是国家意志，目的主要是提高运用语言处理与国家利益相关事务的能力；与此同时，民众和民间组织对国家语言规划的呼应程度，体现出国家语言建设的目的既要服务国家发展，又要满足民众的语言文字需求。从本书的相关介绍和分析可以看出，意大利的国家语言能力总体特点是：国内治理松散灵活，缺乏统一管理；国家通用语规范普及途径多样，注重和谐语言生活；国际拓展形式多样，高度依赖欧盟。

"机构体系构建"指政府是否建立了自上而下的国家语言治理行政体系。我国国家层面的语言治理领导机构是教育部和国家语委。国家语委是一个跨政府部门、跨社会团体的协同工作机构，同时也是一个领导决策机构，下设"两司""一所""一社"。国家语委在地方层面有省级、地/市级、县级语言文字工作机构，从纵向上保证了语言工作行政体系的完善度；在横向方面，国家语委是一个跨部委语言文字工作的协调机构，充分发挥了协调功能。与我国由国家语委主导的国家语言能力治理机构体系相比，意大利政府在语言治理体系中能够发挥的作用相对有限，不同类别的政府部门在具体工作上缺乏统领全局的工作机构，纵向上没有行政连贯性，而在横向上，官方属性的协作机构较为单一，语言治理主要依靠教育部、外交部、文化部、内政部等四个部门合作完成，与我国国家语委由教育部、中宣部、广电总局、外交部、文化和旅游部、公安部、科技部、民政部等 30 家委员单位组成结构相比，意大利国家教育治理能力的完整性和协调度都相对较弱。在确保机构体系有效运行的督查机制方面，作为语言生活监督者的意大利司法机构，仅在理念层面将立法和司法正确性置于极高地位，但在具体的落实过程中，议案很难被议会正式通过；加之政府机构频繁变动，对语言政策的落实和执行更难以实现，整体行政效率较低。

在语言政策规划方面，由于对欧盟的过度依赖，意大利语言治理机构对本国语言政策的制定缺乏主动性和独立性。直至今日，意大利宪法中有关国家官方语言的规定仍付阙如，这为意大利语言规划、语言立法的进程进一步增加了困难，这一问题也长期引起学界和政界的广泛关注和讨论。中国语言文字规划有显著的长远性、连贯性与持续性，国家语委从 1986 年的七五规划开始，将语言文字规划纳入五年规划常规之中，随着 2000 年全国人大通过的《中华人民共和国国家通用语言文字法》的颁布实施，19 个省（区 / 市）的语言文字工作被纳入教育督导评估体系之中，语言文字工作步入了法制轨道。

国家通用语普及和规范使用、国家语言智能化、国家语言和谐生活建设构成了国家语言核心能力。意大利语作为意大利国家通用语，是经历了五个多世纪的讨论，以隐性方式体现在法律中而确立的。意大利语的普及主要是通过一系列立足于义务教育普及、教师改革和语言能力培养的教育改革，以一系列法律法规的制定和完善而完成的。就我国而言，早在中华人民共和国成立伊始，国家通用语的普及就已经提上了政府的工作日程。如今，推广国家通用语——普通话已成为国家的一项基本国策；但和意大利一样，我国作为一个多方言、多民族语言的国家，普通话的推广也是一项长期而复杂的工作。

在国家通用语规范使用方面，由于欠缺国家机构或官方的语言委员会统一规范语法及词汇，因此意大利语的规范进程缓慢。通过几个世纪的摸索，以语言学家和学术团体为代表的民间学术机构成为规范性词典和语法书编纂的主体，形成了较有特色的意大利国家通用语规范模式。

意大利语言和谐生活建设最重要的一项议题，是妥善处理国家通用语和少数群体语言之间的关系。从绩效力来看，意大利的语言多元主义在欧洲国家中首屈一指。意大利少数群体语言政策既随着社会现实的发展而改变，同时受到不同历史阶段国家意识形态方针的影响。在国家通用语与方言之间的关系方面，由于意大利通用语脱胎于托斯卡纳方言，因而二者之间如"卵与成虫"，在社会发展的进程中不断成熟和相互超越。当今的意大利社会，已基本形成"重视方言、尊重意大利社会丰富的语言背景"的观念。我国语言和谐生活建设虽已取得较大的成绩，但社会语言生活的复杂性和各类语言需求的多样性决定了我国和谐语言生活建设的长期性；在如何保护少数民族语言和汉语方言的布局方面，意大利经验或可提供有益借鉴。

中意两国均重视国家语言智能化建设。意大利在语言资源保护、自然语言处理研究、信息检索、机器翻译、语料库建设和语言资源保护等领域颇有建树。以意大利教育部、司法部、经济发展部为代表的政府部门，为推动国内外技术交流创新，促进自然语言处理技术在公共行政服务领域的应用付出了诸多努力。此外，意大利政府十分重视盲文体系、视障人群生活与教育协助机构的发展，设有多家盲文出版社和图书馆，反映出相应的人文关怀程度。未来中意两国还须加强统筹规划，发挥专家学者与科研人员的作用，更好地满足社会尤其是公共服务领域的相关需求。

在国家语言战略能力方面，通过对意大利义务教育阶段外语教育的考察和分析，我们发现意大利义务教育阶段的外语教育存在英语占比过大以及在国际舞台上多语种人才稀缺的问题。在国家通用语国际拓展方面，通过意大利语言文化机构、语言推广工作者和企业界的共同努力，意大利语在国际舞台上已经完全摆脱了怀旧、消沉的旧形象，展现出新

的活力，意大利将通用语的国际拓展作为文化战略的一部分，推广成效
显著。

5.2　意大利中小学外语教育的特点及启示

5.2.1　意大利中小学外语教育的特点

义务教育是人才培养的根基，语言人才在互联互通中发挥着独特的重
要作用。合理有效的中小学外语教育规划是提升国家语言能力、维护国家
安全的重要举措，是国家软实力的重要组成部分（叶良英 2021）。语言人
才的培养关乎国家的长远发展和学生个人命运，提高国家语言人才培养能
力投入大、所需周期长，但意义深远。

从前文分析可以看出，意大利外语教育起步早、跨度大，不同学习阶
段之间的差异要求各阶段语言培养标准之间能够形成对接。义务教育阶段
的语言要求与《欧洲语言共同参考框架》挂钩，较为明确，高等教育阶段
一定程度上延续了义务教育阶段的语言人才培养标准，因此，从宏观上看，
意大利外语教育政策的制定连贯性较强。微观而言，意大利义务教育阶段
学校（尤其是高中）类型多样，不同的人才培养方向决定了不同的外语教
育目标；因此，如何落实好各阶段外语教育的具体培养标准，落实人才分
类培养和精确深造，成为意大利外语教育持续提升科学性的主要目标。

从多语教育角度来看，意大利的多语教育呈现出外语语种覆盖广度较
大、深度欠缺的特点。单就外语教育提供语种多样性而言，意大利并不逊
于任何其他欧洲国家；但相比英语与欧盟国家几个大语种，意大利其他语
言的学习人数相当有限。虽然意大利一直在积极推行多语教育政策，提供
多语教学资源，学习两门以上外语的学生比例也在不断加大，但英语教育
仍占据外语教育的主导地位。从英语学习的效果来看，虽然教育投入比重
大，但意大利学生的英语表现并不令人满意。

另外，意大利虽然将 CLIL 教学法纳入义务教育阶段中，但无论在欧
洲层面还是在意大利国家层面，都缺乏统一的关于教师培训或学生语言能

力培养方式的明确规定；在实际教学中，教学法的推行通常也受到意大利区域发展不平衡、教学法标准规范缺乏的阻碍。

5.2.2　对我国中小学外语教育的启示

意大利在外语教育人才培养方案的制定方面，一直紧跟欧盟步伐，在充分利用欧盟提供的外语教育便利的同时，还结合本国实际制定了语言发展战略轴线，重视语言学习的承续性发展，基本形成了系统涵盖小学、初中、高中以及高等教育的连贯性外语教育体系。在国际合作与交流方面，意大利尽可能地吸收先进的教学方法和思路，充分利用国际资源。总体而言，意大利的学校外语教育多语政策的制定符合欧盟以及当前世界各国对外语人才的培养目标，科学性指标较为合理。但从覆盖面和影响度的维度来看，意大利又是较为失败的。造成学习效果不如预期的主要原因，在于意大利外语教育过程中的过度自由和松散的外语学习考核机制。我国和意大利在义务教育阶段的外语教育情况极其相似，因此，可以尝试从倡导和发展多语教育、鼓励学习非通用语，加强对外语教育的考核和对学习效果的有效监测两方面对我国中小学外语教育的规划和指导进行探讨。

实际上，我国开始关注中小学非英语语种教育的时间较早。20 世纪60 年代，周恩来总理就已经提出"多语种，一条龙，高质量"的外语人才培养要求。此后不久，教育部在 1979 年印发的《加强外语教育的几点意见》中提出：语种布局要有战略眼光，做好长远规划；当前主要任务是大力发展英语教育，但也要适当注意日、法、德、俄等其他语种的教育。国家语言文字事业"十三五"发展规划指出，为提高国家语言文字服务能力，应面向社会开展全方位的语言文字政策法规、规范标准、基础知识和社会应用等咨询服务，研究制定多语种外语规划，创新语言文字服务和语言人才培养机制，推动高等学校完善外语语种结构，培养和储备关键语种复合型外语人才。

2013 年我国提出"一带一路"倡议后，外语能力的培养作为"一带一路"软基建的有机构成部分，成为我国经济、社会发展的迫切需要。近年来，为了响应"一带一路"倡议，中国外语教育中的大学非通用语学习的种类开始大幅增加，但这种数量的变化尚未转化为质量的大幅度提升。其中很重要的一个原因在于大部分非通用语课程只在大学开设，学生在中小学阶段没有机会接触。意大利可以向欧盟借鉴欧盟外语教育和多语言环境的经验，而中国却很难找到与自身环境相适应的模式。建立并完善科学的外语教育政策，对中国来说是更大的挑战。因此，从中小学开始推行多语教育，为国家储备稀有的外语战略资源，对我国而言具有迫切的现实意义。中小学的多语教育可以开拓学生的视野，让学生从小树立语言和文化多样化的观念，也为培养高端外语人才或具备一定外语水平的专业人才做准备。鼓励中小学生学习非通用语，这是培养非通用语高端人才、改善我国外语人才语种单一现状的有效途径（葛囡囡 2020）；我们在鼓励中小学生学习非通用语时，需要处理好国家需求、学生个人发展与外语习得规律的关系（文秋芳、张天伟 2016）。

此外，根据国家战略的需要，针对与国家利益休戚相关的非通用语种，我国应鼓励和选拔有志向、有抱负、有外语天赋的学生从小学开始持续学习这类非通用语，为其提供奖学金到对象国留学，同时要与奖学金获得者签订"服务政府"协议，以便为国家储备稀有的外语战略资源（文秋芳、张天伟 2016）。有条件的地区和教育机构，可以从小学开始进行试点，增加覆盖面较大的语种（如德语、法语），在具有天然优势的边境省份，应鼓励开设除英语外的邻国语种为第二外语（如俄语、越南语）。这样既能充分发挥中小学生在特殊年龄段的语言学习优势，又能培养他们的多语学习意识和终身学习能力，更能为国家的多语言人才库建设提供有力的基础保障。解决语言分布和教学质量不平衡的问题，需要进行实质性的结构改革，这不是对现有情况的反射性回应，而应该是对国家潜在需求的预判。因此，外语教育研究机构应该定期开展国内外的研究，并对需求进行分析。意大利和中国都是历史悠久的文明古国，两国的国情虽然不同，但也面临类似的问题。外语教育启蒙时间过长，小学阶段没有严格的语法训练，外语课时量太少，是意大利对第一阶段外语教育"最佳时机"

的浪费，也是意大利人英语学习效果差、在国际舞台上表达能力欠缺的原因。意大利教育部虽针对不同方向的学生制定了不同的外语培养目标，但法令没有对语言水平的具体程度做出规定，甚至与《欧洲语言共同参考框架》脱节，从而导致意大利的外语教育培养效果不太理想。因此，加大外语普查力度，加强外语考核制度，或许有助于政府有关部门对公民的外语学习成效有相应的了解，并就此对相关政策进行及时调整。总体而言，注重顶层设计，大力发展义务教育阶段多语教育政策，加强连贯性培养和外语考核监督机制，有助于我国基础教育阶段外语教育的有序健康发展，并为国家提升语言战略能力和国际影响力，储备优质的高端外语人才打下坚实的基础。

我国对意大利的国家语言能力研究刚刚起步，在理论和实践层面都还有很多工作要做。2016年5月，习近平总书记在北京主持召开哲学社会科学工作座谈会时指出："按照立足中国、借鉴国外，挖掘历史、把握当代，关怀人类、面向未来的思路，着力构建中国特色哲学社会科学，在指导思想、学科体系、学术体系、话语体系等方面充分体现中国特色、中国风格、中国气派。"根据这一精神，我们一方面要把握中国国情、立足中国实践，另一方面要研究和借鉴其他国家语言能力建设经验，为中华民族的伟大复兴积极建言献策。中意友谊源远流长，历久弥新；历史上中华文明和古罗马文明交相辉映，今天我们将继续互相汲取智慧和营养。

参考文献

Barbera, M. 2013. *Linguistica dei corpora e linguistica dei corpora italiana. Un'introduzione*. Milano: Qu. A. S. A. R. s. r. l.

Barbuto, E. & G. Mariani. 2020. *Avvertenze Generali per tutte le classi di concorso*. Napoli: EdiSES.

Bertonelli, E. & G. Rodano. 1999. *Il laboratorio della riforma: autonomia, competenze e curricoli*. Firenze: Le Monnier.

Brecht, R. D. & A. R. Walton. 1993. *National Strategic Planning in the Less Commonly Taught Languages*. Maryland: The National Foreign Language Center at the Johns Hopkins University.

Bonomi, I. *et al.* 2003. *La lingua italiana e i mass media*. Roma: Carocci.

Bottai, G. 1939. *La carta della scuola*. Milano: Mondadori.

Campbell, G. 2003. *The Oxford Dictionary of the Renaissance*. Oxford: Oxford University Press.

Eurydice, R. 2017. *Cifre chiave dell'insegnamento delle lingue a scuola in Europa*. Lussemburgo: Ufficio delle pubblicazioni dell'Unione europea.

Cerini, G. 2019. *Competenza è cittadinanza: Idee, fonti, proposte operative*. Rimini: Maggioli editore.

Coonan, C. M. *et al.* 2018. *La didattica delle lingue nel nuovo millennio: Le sfide dell'internazionalizzazione*. Venezia: Edizioni Ca'Foscari.

Cooper, R. L. 1990. *Language Planning and Social Change*. New York: Cambridge University Press.

Daloiso, M. & P. E. Balboni. 2012. *La Formazione Linguistica nell'Università*. Venezia: Edizioni Ca'Foscari.

Dell'Aquila, V. & G. Iannàccaro. 2004. *La pianificazione linguistica: Lingue, società e istituzioni*. Roma: Carocci editore.

De Mauro, T. 1999. *Grande dizionario italiano dell'uso*. Torino: UTET.

Di Martino, E. & B. Di Sabato. 2012. CLIL implementation in Italian schools: Can long-serving teachers be retrained effectively? The Italian protagonists' voice. *Latin American Journal of Content and Language Integrated Learning* (2): 73-105.

Duro, A. 1986-1994. *Vocabolario della Lingua Italiana*. Roma: Istituto dell'Enciclopedia Italiana.

Jahr, E. H. 1993. *Language Conflict and Language Planning*. Berlin: De Gruyter Mouton.

Kohl, B. & R. Witt. 1978. *The Earthly Republic: Italian Humanism on Government and Society*. Philadelphia: University of Pennsylvania Press.

Lubello, S. 2008. Lessicografia italiana e variazione diamesica: Prime ricognizioni. In E. Cresti (ed.). *Prospettive nello studio del lessico italiano*. Firenze: Firenze University Press. 49-54.

Marazzini, C. 2011a. *Questione della lingua*. Enciclopedia dell'Italiano.

Marazzini, C. 2011b. *Storia della linguistica italiana*. Enciclopedia dell'Italiano.

Migliorini, B. 2019. *Storia della Lingua Italiana*. Milano: Bompiani.

Ministero degli Affari Esteri e della Cooperazione Internazionale. 2016. *Stati Generali della Lingua Italiana nel Mondo*. Firenze.

Ministero degli Affari Esteri e della Cooperazione Internazionale. 2017. *L'Italiano nel mondo che cambia*. Firenze.

Ministero degli Affari Esteri e della Cooperazione Internazionale. 2019. *L'Italiano nel mondo che cambia*. Firenze.

Ministero degli Affari Esteri e della Cooperazione Internazionale & Ministero dell'Istruzione e dell'Università della Ricerca. 2017/2020. *Strategia per la Promozione all'Estero della Formazione Superiore Italiana*.

Ministero per l'innovazione tecnologica e la digitalizzazione. Strategia per l'innovazione tecnologica e la digitalizzazione del Paese 2025.

Patota, G. 2007. *Il grande dizionario Garzanti: Italiano 2008*. Milano: Garzanti linguistica.

Pizzoli, L. 2018. *La Politica Linguistica in Italia: dall'Unificazione Nazionale al Dibattito sull'Internazionalizzazione*. Roma: Carocci Editore.

Progetto Lingue Lombardia. 2007. *Le esperienze di CLIL negli istituti scolastici della Lombardia* 2001-2006: Rapporto di monitoraggio. Ministero della Pubblica Istruzione: Ufficio Scolastico per la Lombardia: ALI-CLIL.

Rondello, M. 2015. *La Dimensione Cognitiva nella Traduzione Assistita da Computer e nella Traduzione Automatica*. Palermo: Università degli Studi di Palermo.

Sabatini, F. & V. Coletti. 2007. *Dizionario della lingua italiana*. Milano: Rizzoli Larousse.

Serianni, L. & G. Antonelli. 2011. *Manuale di linguistica italiana. Storia, Attualità, Grammatica*. Milano: Bruno Mondadori.

Serianni, L. & M. Trifone. 2007. *Devoto-Oli. Vocabolario della lingua italiana 2008*. Firenze: Le Monnier.

Senato della Repubblica. *Costituzione della Repubblica Italiana*.

Sepe, S. *La semplificazione del linguaggio amministrativo*. Presidenza del Consiglio dei Ministri.

Simone, R. 2003. *Il Vocabolario Treccani*. Roma: Istituto dell'Enciclopedia Italiana.

Società di linguistica italiana. 1998. *La "lingua d'Italia": Usi pubblici e istituzionali: Atti del XXIX Congresso*. Roma: Bulzoni.

Tavian, L. 2014. *La legislazione linguistica in Italia da un punto di vista storico*. Venezia: Università Ca' Foscari Venezia.

Totaro-Genevois, M. 2005. *Cultural and Linguistic Policy Abroad: The Italian Experience.* Clevedon: Multilingual Matters.

Università di Trieste. 2020. *Piano Strategico 2019-2023, Dipartimento di Scienze Giuridiche del Linguaggio, dell'Interpretazione e della Traduzione.* Trieste.

戴曼纯、何山华，2017，多语制与后里斯本时代的欧盟法律一体化的障碍与出路——以刑事司法领域为例,《北华大学学报（社会科学版）》（1）：9-16。

董希骁，2021,《罗马尼亚国家语言能力研究》。北京：外语教学与研究出版社。

窦卫霖，2011,《中美官方话语的比较研究》。上海:上海外语教育出版社。

傅荣，2003，论欧洲联盟的语言多元化政策,《四川外语学院学报》(3)：110-113。

葛囡囡，2020，德国中小学外语教育的特点及启示,《外语教育研究前沿》（4）：18-25+90。

胡开宝、田绪军，2020，语言智能背景下的MTI人才培养：挑战、对策与前景,《外语界》(2)：59-64。

欧洲理事会文化合作教育委员会（编），2008,《欧洲语言共同参考框架：学习、教学、评估》,刘骏、傅荣主译。北京：外语教学与研究出版社。

沈家煊，2005，词典编纂"规范观"的更新,《语言教学与研究》(3)：73-78。

文秋芳，2017，国家话语能力的内涵——对国家语言能力的新认识,《新疆师范大学学报（哲学社会科学版）》(3)：66-72。

文秋芳，2019，对"国家语言能力"的再解读——兼述中国国家语言能力70年的建设与发展,《新疆师范大学学报（哲学社会科学版）》(5)：58-68。

文秋芳、杨佳，2021，《新中国国家语言能力研究》。北京：外语教学与研究出版社。

文秋芳、张天伟，2016，《国家语言能力理论体系构建研究》。北京：北京大学出版社。

杨慧玲，2017，欧洲近代词典史的创世纪——评孔子聃《近代初期的欧洲词典：词典学及文化遗产的建构》，《辞书研究》（3）：61-66。

约翰·平德，2015，《欧盟概览》，戴炳然译。北京：外语教学与研究出版社。

周建设等，2017，语言智能研究渐成热点，《中国社会科学报》，2017-02-07。

左凤荣，2019，全球治理中的国际话语权，《学习时报》，2019-11-22。

卡塔尼亚盲文出版社简介，http://www.stamperiabrailleuic.it/chi_siamo/chi-siamo.html（2020 年 10 月 20 日读取）。

联合国教科文组织官网，语言少数群体的语言权利：使用落实指南，https://www.gcedclearinghouse.org/node/98733?language=zh-hans（2021 年 8 月 23 日读取）。

路透社数据新闻，意大利2020新闻行业报道，https://www.digitalnewsreport.org/survey/2020/italy-2020/（2022 年 8 月 10 日读取）。

欧盟委员会网站，翻译服务，https://ec.europa.eu/info/departments/translation_it（2021 年 8 月 23 日读取）。

欧盟委员会网站，相关欧盟语言倡议，https://education.ec.europa.eu/it/iniziative-europee-in-campo-linguistico（2020 年 11 月 6 日读取）。

秕糠学会网站，"你们的秕糠学会"，https://accademiadellacrusca.it/it/contenuti/la-crusca-per-voi/6942（2020 年 10 月 8 日读取）。

Treccani 网站，广播和语言，https://www.treccani.it/enciclopedia/radio-e-lingua_%28Enciclopedia-dell%27Italiano%29/（2021 年 8 月 23 日读取）。

中华人民共和国外交部网站，意大利国家概况，https://www.mfa.gov.cn/web/gjhdq_676201/gj_676203/oz_678770/1206_679882/1206x0_679884/（2022 年 8 月 10 日读取）。